KB153398

내 마음의 거짓말

내 마음의
거짓말

내 탓이 아닌 것마저
내 탓이라 믿고 있는
당신에게

정신과 의사 김병수 지음

서삼독

무엇보다 자기 자신에게 거짓말을 하지 마세요.
자신에게 거짓말을 하고 자신의 거짓말에 귀를 기울이는 사람은
내면의 진실과 주변의 진실을 분별할 수 없는 지경에 이르게 되어
결국 자신과 타인에 대한 존경심을 잃게 됩니다.

—표도르 도스토옙스키,《카라마조프의 형제들》중에서

치유의 정석

우리 마음에는 그 어떤 언어로도 설명하기 어려운 부분이 많다. 마땅치 않고, 통증을 일으키며, 영혼을 뒤흔들어 놓기도 하는 무언가가 있는데 우리는 그것을 제대로 표현할 만한 말을 찾지 못한다. "남에게 설명하는 것만이 아니다. 스스로에게 설명하는 것 역시 너무 어렵다. 억지로 설명하려 하면 어딘가에 거짓말이 생겨난다."*

마음은 복잡한 것이 정상이다. 복잡해서 단순하게 표현할 수 없다. 무엇을 숨기고, 무엇을 드러내야 하는지 분명히 알 수 없다. 솔직하게 마음을 남들에게 내보였다가 뒤

통수 맞을까 봐, 이상한 사람 취급당할까 봐 꼭꼭 숨기기도 한다. 이렇게 살다 보면 '나만 이상하고, 나만 제정신이 아닌 것 같다'라는 괜한 불안이 치밀어 오른다. '나만 고장난 사람인 것 같은' 소외감을 느끼기도 한다.

이럴 때 심리 전문가가 나타나서 "당신이 괴로운 건 낮은 자존감 때문입니다. 트라우마가 해결되지 않아서 고통받고 있는 겁니다. 나르시시스트가 당신을 괴롭혀서 그런 겁니다"라고 설명해 주면 "내 문제는 바로 그거였어!"라며 혼란이 걷히고 마음에서 큰 짐 하나를 덜어낸 것처럼 홀가분해진다. 문제가 무엇인지를 깨달았으니 원하는 대로 자신이 변할 거라는 희망도 차오른다.

마음에 대해서는 단 하나의 진실이 아니라 서로 모순되는 여러 가지 진실이 공존한다. 심리에서 중요한 것은 늘 이중적이다. 우리가 참이라고 믿는 것과 정반대의 현상이 마음에서는 정상적으로 일어난다. 사람의 마음은 조화롭게만 이뤄져 있지 않다. 오히려 상처와 상처로 이어져 있게 마련이다. 인간이 비정상이 아니라 비정상적 상황이 정상적 인간을 비정상처럼 만들기도 한다.

우리는 쉬운 답을 원하지만 심리에 그런 것은 없다. 하나가 정리된 것 같으면 어쩔 수 없이 다른 문제가 따라온다.

자기 마음을 잘 모른다고 해서 잘못된 것은 아니다. 세상을 경험하고, 시행착오를 겪으면서 "나는 누구인가?"에 대한 답을 조금씩 찾아간다. 이게 인생이고, 자아 발견은 이렇게 이뤄진다. 세계와 마찰하면서 영혼의 모호한 구석들을 제 나름의 방식으로 깨달아 가는 것이다.

자기 이해는 삶을 통해 자연스럽게 알아가는 것이지 권위자가 일방적으로 심어 넣는 생각으로 얻을 수 있는 게 아니다. 자기계발서를 통째로 외워도 자존감은 솟아오르지 않는다. 인간 본성을 심리용어로 환원하여 설명하려는 것을 일컬어 심리화라고 한다. 지금 우리는 과도한 심리화의 함정에 빠져 있는지도 모른다.

내 글이 독자의 마음을 조각하는 끌처럼 작동했으면 좋겠다. 조각의 파편들이 쌓이다 보면 어느새 작품이 완성되어 있는 것처럼, 나라는 사람이 성장하는 것은 나의 본질과 상관없는 것들을 덜어 가는 과정일 것이다. 마음을 치유하는 데에는 심리 지식을 쌓는 것보다 비효율적이고 효과조차 없고 때론 상처를 덧나게 하는 생각들을 발견해 가는 것이 훨씬 더 중요하다.

　나를 탓하는 말들, 내가 나를 해치는 못된 생각들, 내 마음이 나에게 하는 그 모든 거짓말들과 잘못된 생각의 덫에서 빠져나와야 한다. 진실이 아닌 것을 마음에서 지워 내고, 거추장스러운 부분을 자아에서 덜어 내어 마침내 염원하던 자기가 서서히 그 모습을 드러낼 수 있도록 말이다.

● 무라카미 하루키,《색채가 없는 다자키 쓰쿠루와 그가 순례를 떠난 해》중에서

차례

01

내 탓이라는
거짓말

우리가 살아갈 수 있는 건
아직 살아보지 못한 미래에서 흘러나오는 힘 때문이다.

지난 상처가 '나'를 규정하게
내버려두어선 안 된다

상담 중에 난감함을 느낄 때가 있다. 흔한 상황 중의 하나는, 내담자가 자기 이야기를 충분히 하지도 않은 채 문제의 근원부터 지목할 때다. "자존감이 낮은 게 원인이에요"라거나 "부모님과의 애착 형성이 안 돼서 그래요"라고 한다든가 "유튜브를 보고 알게 됐어요. 연인이 나르시시스트라서 내가 고통받았던 거예요"라는 말하는 경우다. 전문 용어로 자신의 마음을 간단히 설명하는 걸 듣고 있으면 '지금 우리 사회에 심리학이 유행이긴 하구나' 하고 실감한다.

또 다른 상황은 "그래서 원인이 뭐죠?"라고 단정적으로 물어올 때다. "과거의 트라우마 때문이죠?"라며 정신 증상을 발생시킨 단 하나의 원인을 꼽을 때도 나는 속으로 적잖이 당황한다. 환자의 상태에 대해 감조차 제대로 잡지 못했는데 결론을 내리듯 물어오면 대화가 잘 이어지지 않는다. 경험과 지식이 넓고 깊지 못한 내 탓이 크겠지만, 단순명쾌한 용어로 복잡다단한 인간 심리를 재단해 버리려는 것 같아 거부감이 들기 때문이다.

정신적 고통에 왜 시달려야만 하는지 그 이유를 명확히 알기보다는 모를 때가 훨씬 더 많다. 과학이 눈부시게 발전했지만 원인이 정확히 밝혀진 정신질환은 아직 없다. 인생 자체가 불확실한 것투성이가 아닌가. "내가 어떤 사람인지 알려주세요"라는 요청에 제대로 답할 수 있는 이가 이 세상에 과연 누가 있겠는가. 마음은 우주다. 다 알 수 없는 게 당연하다.

정신과 의사 일을 하다 보면 과거를 물을 수밖에 없다. 지난주의 기분과 몇 달 전에 있었던 스트레스, 시간의 축을 뒤로 길게 더 늘여서 기억조차 가물가물해진 학창 시절과 유년기의 삶까지 알려 달라고 한다. 심지어 자신이다 알 수 없는 부모형제와 얽히고설킨 역사까지 묻고 또 묻는다. 이야기를 듣고 나면 "그래서 그랬군요. 당신이 그래서 그런 거군요"라며 지금의 자신이 왜 이렇게 된 것인지 이유를 찾았다는 듯이 끄덕인다.

하지만 거기까지다. 그 이유가 정확한지 확인할 방도도 없지만 제대로 원인을 찾아냈다고 해도 고통을 견디고 하루를 버텨낼 힘이 저절로 솟아오르는 건 아니다.

다음은 오쿠다 히데오의 소설 《공중그네》의 한 장면이다.

"뭐? 카운슬링?" 이라부가 콧잔등에 주름을 모으며 자못 못마땅하다는 듯이 말했다. "소용없어, 그딴 거."

"소용없다고요?"

"어릴 적에 어떻게 자랐다는 둥 성격이 어떻다는 둥 그런 것 말이지? 성장 환경이나 성격은 고친다고 고쳐지는 게 아니야. 그러니까 들어봐야 별수 없어."

"어떻게 그런……." 요시오는 말문이 막혔다. 신경정신과 의사는 난생처음 만나보지만 어떻게 이런 말을 할 수 있단 말인가.

—요쿠다 히데오, 《공중그네》[1] 중에서

어린 시절의 경험이 한 사람의 인생에서 중요한 것은 사실이지만, 과거가 심리치료의 효과를 불러오는 유일한 통로는 아니다. 과거의 기억을 다루는 것이 치료에 도움이 된다는 과학적 실험 증거는 없다.

우리의 문제는 현재 손에 쥔 과학적 증거에 비추어 볼 때, 정신분석의 기본 전제가 모두 틀렸을지도 모른다는 데 있다. 비평가들의 말이 옳을지도 모른다. 발달상의 경험은 정신병리학과 상관없을 수도 있으며, 이러한 발달상의 사건을 조심스레 역사적으로 재구성하는 것이 치료 효과를 지닐 것이라 가정할 이유가 우리에게는 없다. 이럴 적의 사건과 정신병리학 사이에 중요한 관계가 없다면, 프로이트의 이론들은 해석 능력을 상당 부분 잃어버린다.[2]

정신분석은 사람과 인생을 해석하는 하나의 방식이다. 과학적으로 증명된 진실에 대한 학문이 아니다. 삶에서 어떤 의미를 발굴하는 도구 중 하나일 뿐이다. 정신분석을 통해 드물지 않게 마음과 인생에 대한 거룩한 통찰을 얻기도 한다. 그것으로 자신이 변한 듯 느낄 수도 있다. 하지만 이런 통찰의 힘은 그리 오래 가지 않는다. 반복된 실행이 없다면 거룩한 통찰이라도 몇 달 아니 며칠 만에 희미하게 사라진다. 그럼에도 불구하고 정신분석이 성공적으로 작동해서 치료된다면, 그건 아마도 신경증적 비참함이 일상적인 불행으로 바뀐 상태일 것이다.

우리는 누구나 어린 시절의 상처를 갖고 있다. 행복하기만 한 어린 시절이란 존재하지 않는다. 어느 정도의 아픔, 어느 정도의 상처는 있기 마련이고, 누군가는 트라우마라 불릴 만한 충격적 사건을 겪기도 한다. 지울 수 없는 고통을 마음에 품은 채 성장해 간다.

나이가 들어도 달라지지 않는다. 사회생활을 하면서 실망하고, 또다시 상처받고, 모욕을 느끼기도 하며 예기치 않는 불안이 찾아온다. 이런 일들은 사는 동안 끊임없이 반복된다. 삶은 원래 그 자체가 혼돈이고, 예측 불가능하기 때문이다.

상처받은 우리가 기억해야 할 것은
과거가 아닌 미래

자신의 존재 가치와 사랑받을 수 있는 자격에 대한 의심이 차오르는 그런 순간이 찾아온다. 행운은 자신을 비껴가기만 한다는 생각에 시달린다. 스스로를 하찮은 존재라여긴다. 이런 생각의 우물에 빠지면 과거가 자신의 운명을 발목 잡고 현재에도 미래에도 "나는 제대로 되는 게 없어. 어린 시절의 상처 때문에 그런 거야"라며 되돌릴 수 없고 고칠 수도 없는 과거를 탓하게 된다.

남자친구 혹은 여자친구와의 연애 관계가 끝이 난 뒤 4개월 동안 과거 연애 경험을 얼마나 자주 떠올렸는지 148명의 대학생을 대상으로 조사를 했다.[3] 끝나 버린 연애를 더 자주 떠올린 사람일수록 마음의 괴로움은 더 컸고 우울 증상의 빈도도 더 높았다. 과거 실패한 연애 경험을 반복해서 떠올리는 것은 자기 인생에 전혀 도움이 되지 않는다. 옛날 일을 곱씹을수록 괴로움만 커지고 우울해질 뿐이다.

코로나바이러스의 기세가 한풀 꺾였다고 착각했던 2020년의 여름, 나는 누군가를 오랜만에 만났다. 만나고 싶지도 않았고 만날 생각도 하지 않던 사람이었다. 이런저런 복잡한 감정들이 남아 있었고 굳이 할 이야기도 없던 차에 연락이 와서 몇 년 만에 다시 만났는데…… 역시 만나지 않는 게 나았겠다는 생각이 들었다. 그날의 만남은 그렇게 끝이 났다.

그 사람은 이유를 찾고 싶어했다. 과거에서 뭔가를 알아내야 한다고 추궁하듯 물었다. 나는 그럴 필요가 있느냐고 대꾸했다. 지나간 일은 묻어두고 미래를 보는 게 낫지 않느냐고 했다. 오랜만에 만나 힘들었던 과거 일을 다시 꺼내어 무엇이 문제였는지 따지는 게 무슨 의미가 있냐고 했다. 나는 그럴 필요를 못 느꼈다. 내 삶을 지탱하는 건 과거가 아닌 미래였기 때문이다. 하지만 그 사람의 특징은, 적어도 내가 이해하는 그는, 과거를 통해 인간을 규정하는 데 익숙한 사람이었다. 그리고 한 사람의 과거를 통해 미래를 알 수 있다고 믿었다.

나는 과거가 지금의 내 모습을 어느 정도 규정하는 것이 사실일지라도 우리가 (힘든 세상에서) 살아갈 수 있는 건 아직 살아보지 못한 미래에서 흘러나오는 힘 때문이라고 믿는 사람이다. 지금 이 순간 고통 앞에서 무너지지 않고 일상을 지켜낼 수 있게 하는 건 과거가 아니라 다가올 미래라고 생각한다. 우리는 그렇게 겹칠 수 없는 서로 다른 우주에 살고 있었고, 그의 우주와 나의 우주는 서로를 이해하지 못한 채 멀어졌다.

과거는 자신이 이미 겪은 일이기 때문에 충분히 상상할 수 있는데, 미래는 가능성으로만 존재할 뿐이라 조금도 상상할 수 없다는 것. 그런 생각에 인간의 비극이 깃들지요. 우리가 기억해야 하는 것은 과거가 아니라 오히려 미래입니다.

—김연수,《이토록 평범한 미래》중에서

과거를 용서하면 마음이 평온해질 거라 믿지만 실제론 그렇지 않다. 말로는 용서했다고 하지만 원한은 쉬이 사라지지 않는다. 진정한 용서는 과거를 복기하며 이뤄내는 작업이 아니다. 지난 일들을 다시 엮어 현재에 과거를 재현하고, 무엇이 잘못됐고 어떻게 해야 옳았는지를 따지고, 누군가에게 책임을 묻고 그것을 단죄해도 용서에는 결코 닿지 못한다.

상처를 주고받은 우리가 함께할 미래를 상상할 수 있어야 진정한 용서에 닿을 수 있다. 그런 미래가 마음속에 그려질 때, 그리고 그렇게 살아가는 것이 의미 있다고 느낄 수 있어야 화해도 가능한 법이다. 무릎 꿇게 하는 고난을 겪어도 다시 일어나 앞으로 걸어가야 하는 우리는 과거가 아닌 미래를 기억해야 한다.

02

고통과 슬픔은
혼자 오지 않는다

괴로워도 우리에겐 슬픔에 젖어 있을 시간이 필요하다.
고통은 혼자 오지 않고 언제나 그 안에 지혜를 품고 온다.

갖가지 감정들이 보내오는 신호

들뜬 마음에 중요한 결정을 함부로 내려서 낭패를 본 적이 있는가? 흥분된 마음에 위험한 행동을 더 하게 되지는 않았는가? 낙관적인 기대, 희망찬 구호를 외쳐 현실의 위험이 사라진 적이 있는가? 아니, 그럴 리 없을 것이다.

우리를 보호하는 건 낙관과 기대가 아니다. 오히려 우울한 감정이다. 우울해지면 현실을 곰곰이 곱씹게 된다. 막연한 희망보다는 예상되는 난관을 따지게 된다. 우울해지면 괴롭기는 해도 도움이 되는 것이 분명 있다.

우울이라는 감정은 삶에서 중요한 것을 상실했거나 앞으로 상실이 예견되는 상황에서 발생한다. 연인이나 가족이 죽으면 슬픔 때문에 우울해지는 것처럼 말이다. "너는 지금 지치고 기운이 없으니 쉬면서 회복할 필요가 있어." 자신의 내부에서 보내는 이 같은 신호가 바로 우울감이다. 장기적 생존을 위해 에너지를 보존하는 게 낫다고 판단되면 회복 과정에 들어가도록 만드는 것이다. 우울감의 이러한 순기능을 우리는 행동 셧다운 모델$^{Behavioral\ shutdown\ model}$이라고 한다.

외부에서 일어난 사건에 대해 자신이 통제력을 얼마나 갖는지 물었을 때 중립적인 기분이라면 대체로 사람들은 실제보다 자기 능력을 더 크게 인식한다. 그런데 우울해지면 자신의 통제력을 있는 그대로 인식한다. 이런 심리 현상을 일컬어 우울성 현실주의$^{Depressive\ realism}$라고 부른다. 우울감은 자신과 세상을 보다 냉정하고 정확하게 바라보게 한다. 그저 우울한 기분만 날려 버리겠다고 하면 더 큰 곤란에 빠질 수 있다.

정서는 상황을 판단할 때 인지적 평가보다 더 강한 영향력을 발휘한다. 이를 정서 우선주의$^{Affective\ primacy}$라고 한다. 순간순간 경험하는 긍정적 혹은 부정적 정서 경험을 통해 외부 상황에 다가갈지 아니면 회피할지를, 사고 이전에 미리 결정하고 행동을 준비한다.

위험을 느낄 때 유기체가 신속히 반응하도록 만드는 건 불안이라는 감정이다. 공포는 유기체를 적극적으로 보호하기 위한 감정이다. 불안은 신체를 보호하는 생리적 반응을 일으킨다. 근육에 힘을 주고 심장이 뛰고 열기가 올라 위험한 상황에서 재빠르게 도망가도록 준비시킨다. 신체 운동에 활력을 부여하고 안전한 곳을 '감'으로 알려 준다.

분노는 정체성과 존엄을 지켜야 한다는 마음의 신호다. 화가 나는 상황은 다양하지만 본질은 같다. 자존심에 상처를 입거나 존재 가치를 무시당하면 분노라는 감정이 생긴다. 화는 모욕과 모멸에 대해 저항하고 반격하도록 명령한다. 정체성을 지키려는 강력한 동기가 숨어 있기 때문에 끓어오르는 감정이 쉽게 가라앉지 않는다.

뇌는 외로움과 죽음을 동일한 위협으로 간주한다. 혼자 남겨지거나 자신이 혼자라는 생각이 들면 뇌는 생존을 위해서 다른 사람을 곁에 두라는 신호를 보내고 타인과 연결되게끔 만든다. 허기를 느끼면 음식을 먹고, 갈증을 느끼면 물을 찾게 되는 것처럼 외로움도 생존을 위해 누군가가 있어야 한다고 신호를 보내는 것이다.

"나도 내 마음을 모르겠어요"
핵심 감정과 가짜 감정 구분하기

모순된 감정을 동시에 가지는 것은 이상하거나 예외적인 것이 아니다. 자연스럽고 보편적인 현상이다. 불안은 공포에 의해 유발될 수 있다. 무서울 때 자기도 모르게 화를 내는 거다. 슬픈데도 서운하게 느낄 수 있다. 자기 슬픔을 위로받지 못한 것에 초점을 맞췄기 때문이다.

버스에 있던 사람이 찌푸린 표정을 지었고 그게 기분 나쁘게 느껴졌다고 해보자. 이건 그 사람 때문이 아니라 과거에 비슷한 얼굴을 가진 사람과 안 좋은 기억이 다시 활성화되었기 때문일 수 있다. 아버지를 사랑하지만 마음속 깊은 곳에서는 두려워하는 마음을 갖기도 한다. 한편으로 존경하지만 한편으로는 자신을 칭찬하지 않는 아버지의 무심함 때문에 분노를 느끼기도 한다. 마음에 두고 있는 이성을 생각하면 그와 함께할 기대 때문에 설레기도 하지만 상대가 자신을 거부하면 어쩌나 하는 마음을 함께 느낀다.

감정은 단순하지 않고 복합적이다. 핵심 감정은 숨어 있을 때가 많다. 가짜 감정으로 자신을 속이기도 한다. 자기 관찰을 통해 감정을 정확히 인식할 수 있어야 한다. 감정 반응을 느낄 때의 상황, 사건, 그리고 그 경험을 관조할 수 있어야 한다. 감정에 휘둘리거나 사건에 휘말려서는 자기 관찰을 못 한다. 감정 주변을 맴도는 생각들도 남의 것인 양 바라본다. 감정과 감정을 촉발하는 상황 그리고 그것을 바라보는 내가 분리될 수 있어야 한다. 이렇게 감정과 자아 사이에 거리를 두고 관찰하면 그 감정의 이면에 숨은 또 다른 감정을 찾을 수 있다.

상황이 불확실할수록 감정은 더 복잡해진다. 절망 속에서도 희망을 느낄 수 있는 건 감정이 원래 복잡한 심리 현상이기 때문에 가능한 것이다. 자신감이 차오를 때 두려움도 함께 느껴야 겸손할 수 있다. 감정이 단순하게 한 방향으로만 흐르지 않기 때문에 심리적 균형을 잃지 않는 것이다. 난관에 부딪혔을 때 "마음이 홀가분해졌으면 좋겠어요”라고 바라지만, 말처럼 쉽게 되지 않는 건 갈팡질팡하는 감정들 모두 우리에게 필요한 것이기 때문이다. 회계장부의 대차대조표처럼 이익(긍정적 정서)과 손실(부정적 정서)로 단순하게 표현할 수 없는 것이 감정이다.

듣는 것이나 보는 것과 마찬가지로 감정은 문제의 본질을 깨닫게 하는 감각 기관처럼 작동한다. 눈에 보이지 않는 것을 보게 하고, 의식하지 못했던 것을 느낄 수 있게 해주는 것이 감정의 또 다른 기능이다. 감정이 이끄는 길로 갔더니 이성으로는 알 수 없던 진실에 도달한 경험이 있을 것이다. 감정은 감각적으로 진리를 포착할 수 있도록 우리를 이끈다. 결정적인 선택의 순간에 감정은 자신을 위해 가장 올바른 방향을 가리킨다.

환경을 탐색하고, 해로운 물질은 거부하고, 사회적 관계를 발전시키며, 위험에 주의를 기울이고, 신체가 손상되지 않게 하며, 유전자를 물려주고, 공격받으면 반격하게 만들고, 역경이 닥치면 타인과 돌봄을 주고받을 수 있도록 이끄는 것이 감정의 진정한 역할이다.[4]

감정은 우리의 정신을 풍성하게 하며 인생의 동반자를

고르는 일을 비롯하여 사회적 의사소통을 촉진한다. 자기에게 가장 좋은 선택을 하도록 길잡이가 되어주며 잠재적인 위험을 피하고 유익하거나 기쁨을 주는 곳으로 움직여가도록 만든다. 삶의 문제를 효율적으로 처리할 수 있도록 도와주기 때문에 감정은 인간의 유전자 속에 깊숙이 자리잡고 있는 것이다.

"The show must go on."
그럼에도 우리에겐 슬픔에 잠길 시간이 필요하다

언젠가 환자의 사연을 한참 동안 듣고 났더니 '우울할 수밖에 없겠구나' 하는 생각이 들었다. 고등학생 아들은 학교를 무단결석하고 늦은 밤까지 친구들과 어울려 노는데 도대체 무얼 하고 오는지 알 수 없어 불안에 떨며 잠을 이루지 못했다. 각방 쓰는 남편에게 아들 문제를 상의하면 "그냥 내버려 둬" 하고 단칼에 잘라 버리니 말을 꺼내기도 싫었다. 몇 년째 부부 사이에 대화다운 대화도 없었다.

명문 대학을 졸업하고 대기업에서 나름 잘나가던 직장

인으로 일했는데 마흔을 훌쩍 넘긴 지금은 하루 종일 집 안일만 하는 자신이 초라해서 거울 보기도 싫다고 했다. 아들이 저렇게 된 게 다 자기 탓이라며 울었다. 도통 입맛이 없고 의욕도 사라졌다. 자기 인생은 실패작이라며 두 손으로 얼굴을 감쌌다.

그녀가 호소하는 고통을 하나하나 따져 보면 우울장애라고 진단 내리기에 충분했다. 그렇다고 "당신은 우울증에 걸렸어요. 항우울제를 먹어야 해요"라고 해버리면 그녀가 처한 상황을 너무 쉽게 질병화해 버린다고 느낄 수 있어 진단과 치료에 대해 말하기가 조심스러웠다. 그래서 내가 그녀에게 건네준 이야기는 이랬다. "엄마라는 섬이 있고, 아들이라는 섬이 있는데 둘 사이를 이어줄 다리가 필요해요. 그런데 엄마 섬의 땅이 너무 물러서 지금은 다리를 놓을 수가 없어요. 땅이 단단히 굳을 때까지만 약을 드시면 좋겠어요."

20대 후반의 직장 여성이 우울하다며 진료실을 찾아왔다. "한 달 전에 남자친구와 헤어지고 힘들었는데 며칠 전에는 실적이 기대에 못 미친다며 직장 상사에게 질책까지 들었어요." 기운이 없고 기분도 저조했지만 겉으로는 평소처럼 생활하고 있었다. "힘들겠지만 조금만 더 지켜보다가 증상이 나빠지면 그때 약을 처방해 드릴게요"라고 했더니 그녀는 "지금 제가 슬픔에 빠져 있을 상황이 못 돼요. 항우울제라도 먹고 빨리 활기를 찾아서 더 열심히 일해야 해요"라고 말했다.

우울장애라고 판단하려면 진단 매뉴얼에 기술된 아홉 가지 우울 증상 중 적어도 다섯 가지가 2주 이상 지속되어야 한다. 정상적 슬픔과 병리적 우울을 구분하기 위해서다. 그런데 이 기준이 약을 꼭 먹어야 하는지, 저절로 치유될 가능성은 없는지, 그냥 놔두면 마음에 후유증이 남을지를 정확히 예측해 주지는 못한다.

낮은 용량의 항우울제를 처방하고 3~4주쯤 지났을 무렵 다시 찾아온 그녀는 전보다 한결 밝아진 얼굴로 말했다. "그동안 설거지를 하는 것도 힘들었는데 지금은 한결 가뿐해졌어요." 플라세보 효과였을까? 시간이 흘러 자연스럽게 치유된 것일까? 어쩌면 약을 먹어야 할 정도로 증상이 심했는데 의사인 내가 그녀의 고통을 충분히 살피지 못한 채 과소평가했던 것일 수도 있겠다. 하지만 심적 고통이 크다고 해서 그것을 질병의 징후로 단정해서도 안 된다.

괴로워도 우리에겐 슬픔에 젖어 있을 시간이 필요하다. 우울은 삶의 의미와 목적을 재정비하라고 촉구한다. 고통은 혼자 오지 않고 언제나 그 안에 지혜를 품고 온다. 마음의 바탕이 단단히 다져지기 위해서는 슬픔의 시간이 필요하다.

그렇다고 마냥 늪에 빠져 있을 수만은 없다. 의욕이 떨어져도 돈을 벌기 위해 출근해야 하고, 슬퍼도 설거지는 해야 하며, 기운이 없어도 가족을 위해 밥을 지어야 한다. 슬픔에 푹 잠길 자유마저 없기 때문에 우리는 어쩔 수 없이 항우울제를 찾는 것일지도 모르겠다.

자기 초점적 주의에서 벗어나기

자기 자신과 세상을 좀 더 냉정하게 보게 한다는 점에서 우울이 꼭 나쁜 것은 아니라고 얘기했지만, 썩 도움이 되지 않는 경우도 있다. 자신 안으로 끝없이 함몰되는 경우다.

우울증 환자가 호전되면 "이전에 고민하던 문제들이 이

제는 남의 일처럼 느껴져요. 어떻게 되겠지 하고 내버려 두
게 돼요"라고 말한다. "오히려 이제는 너무 여유 부리는 것
아닌가 하는 생각이 들 정도예요"라고 말하기도 한다.

임상 현장에서 환자로부터 이런 이야기를 반복해서 듣
다 보면 자기 자신과 자기 문제에 과도하게 융합된 상태에
서 벗어나는 것이 우울증 치료에서 중요함을 확인한다. 집
중적인 상담 치료 없이 항우울제로 치료 효과를 본 환자들
도 똑같이 말한다. 우울증 치료 약물의 효과도 자신과의
심리적 거리를 만들어 주는 데서 비롯되는 것이다.

자기에게 집착하면 우울감이 딸려온다. 지나치게 자신에
게 몰두하면 행복에서 멀어진다. 세상살이가 각박해져서
작은 실패 한 번으로도 나락에 떨어질 것 같은 두려움이
팽배해졌다. 철저하게 자기를 분석해서 결함을 없애야 실
패하지 않을 거라 믿는다. 자기 마음을 정확하게 평가하면
완벽해질 비법이라도 나올 것처럼 여기는 것이다. 마음을
이해하고 수용하기보다는 어떻게든 통제해서 원하는 대로
딱딱 작동하도록 만들 수 있다고 믿는 것이다.

하지만 이렇게 하면 할수록 득보다 실이 크다.[5] 자아를
정확히 측정하고 통제하기 위해 자기 내부에 과도하게 주

의를 기울이면 기울일수록 새로운 문제를 떠안게 된다. 외부에서 생성되는 정보가 아닌 내면에서 발생하는 자기 참조적self-referent 정보에 과하게 집중하는 심리 현상을 일컬어 자기 초점적 주의Self-focused attention라고 한다. 감정, 기분, 생각처럼 자기 안에서 발생하는 신호에만 집착하는 것이다.

자기 초점적 주의는 부정적 정서와 밀접하게 연결되어 있다. 소가 되새김질을 하듯이 과거 기억을 곱씹는 반추적 자기 초점적 주의는 우울증을 일으키고 재발하게 만든다. 사회 불안, 수행 불안, 알코올 남용 등의 발생과 악화에도 자기 초점적 주의가 영향을 끼친다.[6]

행복한 기분은 자기 초점적 주의를 낮춘다.[7] 뉴욕 대학 연구팀이 피험자들에게 바흐의 〈브란덴부르크 협주곡 제3번〉 같은 기분이 고양되는 음악, 쇼팽의 〈왈츠 제11번, 제12번〉처럼 기분을 변화시키지는 않는 중립적인 음악, 그리고 프로코피예프의 〈몽골 지배하의 러시아〉 같은 슬픈 기분을 유도하는 음악을 10분간 들려주었다. 그런 뒤 피험자들의 기분에 따라 자기 초점적 주의가 어떻게 변하는지를 관찰했다.

결과는 이랬다. 중립적 기분에서 행복한 기분으로 전환되었을 때 자기와 관련된 생각이 유의미하게 줄었다. 중립적 기분에서 슬픈 기분으로 변화되었을 때는 반대 현상이 관찰되었다. 슬퍼지면 자기 초점적 주의가 강해지고, 행복하다고 느낄수록 자신에 대한 생각을 덜하게 되는 것이다.

　시험을 망쳤다고 느낀 학생이 자기 모습을 거울로 뚫어지게 보고 있으면 어떤 현상이 일어날까? 자격시험에 낙방한 뒤 자기에 대해 물어보는 질문에 답하거나 셀프 카메라를 찍는다면 그들은 어떤 행동을 보일까? 시험 결과를 걱정하고 자기 문제를 골똘히 생각하느라 바깥 상황에는 전혀 관심을 갖지 않는다. 나만 생각하느라 남은 눈에 들어오지도 않는다. 절박한 도움이 필요한 사람이 옆에 있어도 그를 도우려고 시도하지 않는다. 자기 초점화는 이타적 행동을 가로막는 장애물이다.[8]

　인간은 다른 동물과 달리 자기 성찰적이다. 자기에 대해 가장 많이 사고하는 존재가 바로 자신이다. 우리는 세상에 대한 지식만큼이나 자신에 대한 지식을 아주 많이 지니고 있다. "나는 누구인가?"라고 스스로에게 물었을 때 떠오르는 대답이 자기 개념을 형성하는 자기에 대한 성찰적 지식이다.

여러 자아가 모여 만드는 전체로서의 자기가 아니라, 하나의 개념으로 자리 잡은 자아에만 집착하는 것을 심리적 융합Psychological fusion이라고 한다. '나는 완벽한 사람이야'라는 생각을 진심으로 믿는 것이다. 내가 생각하는 나와 자아가 하나로 섞여 버린 것이다.

수용전념치료Acceptance and Commitment Therapy, ACT는 개념화된 자기에서 벗어나게 하는 것을 목표로 하는 심리치료이다. 융합에서 탈융합으로 이행하게끔 도와준다. 자신의 생각과 느낌이 마치 자기 자신을 있는 그대로 대변하는 것처럼 여기지 않도록 촉진한다. 수용전념치료는 마음챙김의 이론적 근간일 뿐만 아니라 두 치료에서 활용되는 심리 기법 또한 뿌리와 형태가 같다. 두 치료 기법 모두 마음을 관찰하되 평가하거나 판단하지 않도록 가르친다.

심리적 괴로움에 빠지면 "나는 누구인가?", "나는 왜 이런 고통에 빠져야 하는가?", "나는 왜 이렇게 살아야 하는가?" 하는 질문이 잦아진다. 마음이 우울할 때 자기 자신에게 이런 질문을 던지고 그 답을 얻겠다고 자기 안으로 빠져들면 고통만 더 커진다. 답도 찾지 못한다. 이런 질문에 정답이 있겠는가. 답을 찾은 것 같다가도 어느 순간 신기루처럼 흩어진다. 자신을 거울에 비춰 보는 것만으로는 불안에서 해방될 수 없다. 마음이 그려 낸 허구에 불과한 두려움에 자아가 휩싸여 있다면 여기에서 벗어나야 한다.

03

기억하라,
우리에겐 처음부터 통제권이 없었다

모든 스트레스에는 공통점이 있다.
바로 '통제 소재가 나에게 없다'라는 인식이다.
똑같이 밤을 새워 일을 해도
사장이 받는 스트레스와 말단 직원이 받는 스트레스는 다르다.

스스로에게 진단을 내리는 사람들

"저는 ADHD예요." 30대 초반의 직장인이 상담을 시작하기도 전에 이미 자기 진단을 갖고 왔다. 내게 오기 전에 다른 정신과에서 진료받은 적이 있을 것이라 생각했다. "어느 병원에서 진단받으셨나요?"라고 물었더니 "정신과는 처음이에요"라고 했다. 그렇게 스스로 진단한 이유가 무엇인지 물으니 "며칠 전 유명한 정신과 의사 선생님이 나오는 텔레비전 상담 프로그램을 보는데 저하고 똑같은 문제를 가진 연예인이 주의력결핍장애라고 진단을 받더라고요. 그래서 알게 됐죠"라는 대답이 돌아왔다. 확실히 정신과 진단은 유행을 탄다.

성인 주의력결핍과잉행동장애^{Attention deficit hyperactivity disorder,} ADHD 환자가 늘었다. 소아청소년기에는 제대로 진단받지 못한 채 고통받다가 성인이 되어서야 뒤늦게 자기 문제를 깨닫게 되었기 때문이기도 하지만, 미디어에서 자주 언급 되다 보니 대중의 인식이 높아진 것도 한몫했을 테다. 진 단 체크리스트도 신문에 종종 실리고 정신건강 전문가의 교육 영상도 손쉽게 찾아볼 수 있다.

세계보건기구가 진단 체크리스트를 활용해 9개 국가의 1만 5,991명의 대학생을 조사한 바에 따르면 미국 대학생 중 18.8퍼센트가 ADHD를 가진 것으로 나타났다.[9] 오스 트레일리아 대학생의 경우 27.7퍼센트로 조사 대상 국가 중에서 유병률이 가장 높았다. 공부할 게 많고 경쟁은 치 열한데 취업문은 좁아져서 그런 것일까? 그럴 리 없다. 스 트레스가 주의력과 집중력을 떨어뜨리지만 그것 때문에 주의력결핍장애가 발병하는 건 아니다.

미국 메이저리그에서 ADHD 치료 약물 복용을 허가해 달라고 신청한 선수는 2015년 기준 112명이었다. 이는 전 체 등록 선수의 약 10퍼센트에 해당한다. 일반인 중에서 ADHD 유병률이 미국은 약 4퍼센트인 것을 감안하면 2배

이상 높은 것이다.[10] 강력한 도핑 검사로 스테로이드 사용을 통제했을 때 메이저리그 선수들 사이에서 이 수치가 급격히 증가했다. 전파력 강한 전염병처럼 선수들 사이에서만 이 병이 확산됐을 리는 없다. 타율과 방어율을 향상시키려는 욕망이 이런 현상을 부추겼을 것이다. 유병률이 약 20퍼센트에 이르는 대학생들의 경우도 비슷한 원인이 숨어 있을 것이다.

"자신이 주의력결핍장애라고 판단한 이유가 무엇인가요?"내담자들에게 이런 질문을 드리면 많은 사람들이 업무를 시작할 때 애를 먹고 실수가 잦기 때문이라고 답한다. 직장인치고 실수하지 않는 사람이 있을까? 질환 때문이 아닐 수 있다.

재미없는 일은 어떻게든 안 하고 싶은 것이 인간의 자연스러운 심리다. 어쩌면 짧은 시간에, 그것도 많은 과업을 한꺼번에 처리하라는 지시를 받았기 때문일 수도 있다. 불안하면 주의력이 나빠지고 실수한다. 수면 부족에 시달려도 그렇다. 피곤해져도 집중력은 떨어진다. 업무처리 기술이 숙달되지 않았거나 효율적으로 일하는 습관이 몸에 배지 않은 탓일 수도 있다. 번아웃에 빠진 건지도 모른다. 번아웃에 빠진 직장인의 흔한 호소가 주의력, 집중력, 그리고 기억력 저하다. 그러니 "주의력이 떨어진 건 정신질환 때문이야!"라고 섣부르게 꼬리표를 붙이면 곤란하다.

여기서 잠시 스스로에게 물어보았으면 한다. "인정하고 싶지 않은 자기 모습에 '정신과 진단'이라는 이름표를 붙여 정체성에서 떼어 내고 싶었던 건 아닐까? 그것을 교정해야 하는 책임에서 자유로워지려는 무의식적 소망이 진단을 부추긴 건 아닐까?" 마음 깊은 곳의 숨겨진 동기도 살펴보면 좋겠다.

'꼬리표 붙이기'는 불안을 줄이는 방법 중 하나이다. 전문 용어 하나로 심리 현상을 설명하면 '아, 그렇구나!'라며 마음을 통제할 수 있을 것처럼 느껴진다. 어수선하게 흩어져 있던 경험들이 특정한 패턴으로 정리할 수 있으면 심리적 고통도 그럭저럭 감당할 만한 것으로 받아들여진다. 모르는 것보다는 잘못된 판단이라도 마음에 이름을 붙여 주면 안도감을 느낄 수 있다.

"쓸데없는 생각을 자꾸 해요. 강박증이 있어서 그런 거죠?"라고 하거나, "제가 공황장애가 있어요. 가슴이 자주 답답하거든요"라고 단정적인 진단명을 쉽게 꺼내는 분들이 있다. 이럴 때는 "성급하게 진단 내리려 하지 말고 조금 더 시간을 갖고 지켜보시지요"라고 답한다. 안개가 자욱해서는 풍경을 제대로 볼 수가 없다. 뿌연 안개가 걷히고 나서야 비로소 앞을 제대로 볼 수 있는 것처럼 마음 상태를 살펴보는 데에도 같은 과정이 필요하다. 정신과 진단은 붙이기가 아니라 '걷어내기' 작업인 셈이다.

자기 결정권이 있을 때와 없을 때

그런데 주의력결핍장애, 공황장애, 강박증, 번아웃 등보다 더 광범위하게 두루 쓰이는 말이 있다. '스트레스'라는 말은 아마도 전체 의료 영역을 통틀어서 가장 많이 쓰이는 용어일 것이다. 하루에도 몇 번씩 주고받을 정도로 흔히 쓰이는 일반 명사가 됐다.

하지만 스트레스를 정의 내리라고 하면 제각각이다. 누군가가 "나 스트레스 받아"라고 했다면 이것은 무슨 뜻일까? "스트레스 받는 상황에 처해 있다"는 말도 되지만, "스트레스 때문에 위장병이 생겼다"는 말을 숨기고 있기도 하고, "내가 지금 너무 힘드니 도움이 필요하다"는 호소일 수도 있다. 똑같이 스트레스라는 말을 내뱉었지만 의미는 다 다르다. 엄밀해야 하는 의학에서도 스트레스에 대한 단일한 정의와 심각도 기준이 없다.

국내에 소개된 스트레스 평가법을 조사해 보면 가짓수만 해도 70여 개에 이른다.[11] 각각의 평가법은 스트레스의 원인, 스트레스에 대한 개인의 반응을 측정한다. 스트레스 반응도 신체적인 것과 심리적인 것으로 나뉜다. 스트레스에 대처하는 개인의 행동 양식과 태도, 그리고 취약성과 강인성을 평가하기도 한다.

"직장 상사 때문에 스트레스 받아." 이 말은 스트레스를 주는 원인을 지칭한다. "스트레스 받을 때마다 두통이 생겨." 이것은 스트레스에 대한 반응에 초점을 둔 것이다. "마감이 내일인데 기일을 못 맞출 거 같아서 스트레스 받는다." 이는 외부의 기대와 내적인 능력 간의 불일치에서 비롯된 심리적 고통을 스트레스라고 일컬은 것이다.

이렇듯 각각의 상황에서 스트레스는 다르게 정의되고

해석되지만, 그럼에도 변하지 않는 공통의 속성은 있다. 바로 '통제 소재Locus of control가 나에게 없다'라는 인식이다. 스트레스를 없애거나 변화시킬 수 있는 권한과 능력이 자기 내부에 없을 때 스트레스를 느끼는 것이다. 통제 소재가 외부에 있다고 믿으면 '내가 할 수 있는 건 아무것도 없어'라는 생각이 들고 무력감을 느낀다. 이를 확연히 확인할 수 있는 곳이 회사다.

사장의 스트레스와
직원의 스트레스가 다른 이유

직무 스트레스는 일에 대해 자기 결정권이 없다고 느끼기 때문에 발생한다. 스스로 '노동 과정을 통제할 수 없다'라고 인식하면 일은 스트레스가 된다. 똑같이 밤을 새워 일을 해도 사장이 받는 스트레스와 말단 직원이 받는 스트레스는 다르다. 다시 말하면, 자발적으로 야근하는 사람의 스트레스와 지시 때문에 어쩔 수 없이 야근하는 사람의 스트레스는 다를 수밖에 없다.

'일을 통제할 수 있느냐, 없느냐' 하는 것이 직무 스트레스 발생의 핵심 기제다. 노동량이나 강도가 아무리 적어도 그것을 스스로 조절할 수 없으면 직무 스트레스가 커진다. 과업이 아무리 많아도 자기가 원하는 만큼, 원하는 시간과 공간에서 할 수 있으면 스트레스는 적다.

심리학자 애니 볼리니와 그의 동료들은 다음과 같은 실험을 진행했다. A팀과 B팀에 고함치는 소리, 아이 울음소리 같은 불쾌한 소음이 들리는 헤드폰을 끼워주고 같은 문제를 풀게 했다.

A팀의 피험자들에게는 버튼을 제공했는데, 이 버튼을 누르면 소리 강도가 매우 서서히 줄어들며 이 버튼은 문제를 푸는 동안 단 한 번만 누를 수 있다고 알려 줬다. 그러나 이 버튼을 눌러도 실제로는 소음이 줄어들지 않는다. 이 사실을 피험자가 눈치채지 못하게 하기 위해 버튼을 누르면 일정 시간이 지난 후 소리가 아주 서서히 줄어든다고 설명했다. 그들을 속이기 위해서였다.

대조군인 B팀에게도 같은 소음을 같은 강도로 들리게 했지만, 대신 소음을 줄여 주는 버튼(실제로는 그렇지도 않지만)이 없는 공간에서 문제를 풀게 했다. 그런 후 A팀과 B팀의 스트레스 강도를 조사했다. 결과는 어땠을까.

버튼을 누르면 소음을 줄일 수 있다고 사전에 설명을 들은 A팀의 피험자들은 그런 장치가 없었던 대조군 B팀에 비해 스트레스를 덜 받은 것으로 나타났다. 소음 속에서 문제를 풀어도 심박동수와 스트레스 호르몬이 대조군에 비해 덜 증가했다.[12] 실제로는 소음을 통제할 수 없었지만 그렇게 할 수 있다는 믿음을 갖는 것만으로도 스트레스를 덜 받은 것이다.

이런 현상은 병원에서도 찾아볼 수 있다. 불확실한 상황에서 자신이 통제할 수 있는 건 아무것도 없다고 느끼는 환자는 통증을 줄이기 위해서뿐만 아니라 불안에서 벗어나기 위해 진통제를 더 찾는다. 통제력을 회복하기 위해서다. 질병에 대해 불안을 느끼기도 하지만 그 질병을 자신이 통제하고 견뎌낼 수 없다고 지각하면 더 괴로워진다.

그런데 스스로 환경을 통제할 수 있게끔 해주면 환자가 느끼는 불안은 줄어든다. 통증을 관리하기도 쉬워진다. 통증을 느낄 때 환자 스스로 진통제를 조절해서 투여받을 수 있는 장치Patient controlled analgesia를 활용하면 진통제 사용량이 감소하고 환자가 주관적으로 느끼는 고통도 줄어든다.

"모든 상황을 통제할 수는 없어요"
할 수 있는 것과 할 수 없는 것

여기에서 '스트레스를 없앤다'라는 말은 성립할 수 없다. 스트레스는 실재하는 것이 아니고 개인의 믿음 속에 존재하는 것이기 때문이다. 실재하지 않는 것을 없앨 수는 없다. '스트레스를 해결한다'라는 말도 성립할 수 없다. 스트레스를 느끼는 건 이미 그 상황에서 주어진 문제가 개인이 통제할 수 없는 것이기 때문이다. 통제 소재가 개인에게 없기 때문에 스트레스를 느끼는 것인데 그것을 해결하겠다는 것은 불가능에 도전하는 꼴이나 마찬가지다. 극복할 수 없는 것을 극복하겠다고 달려들면 괴로움만 더 커질 뿐이다.

그럼 아무리 발버둥 쳐도 해결되지 않는 스트레스가 있을 땐 어떻게 할까? 자신을 싫어하는 직장 상사 밑에서 일해야 한다면 어떨까? 어느 날 난치병을 진단받는다면? 오래 묵은 부부의 불화는 해결책이 보이지 않고, 목돈은 없는데 천정부지로 오르는 집값을 그저 지켜봐야만 할 때 우리는 어떻게 이를 견뎌야 할까? 아무것도 할 수 없고, 어떻게 해도 달라지지 않을 땐 울어야 할까? 운다고 달라질 것도 없는데 말이다.

이런 상황에서 많은 사람들은 '내가 조금 더 노력했으면 더 나은 결과를 얻었을 텐데'라고 생각하기 쉽다. 그러다 보면 '이렇게 괴로운 건 내 능력이 부족해서야. 내가 해결하지 못해서 그런 거야'라는 잘못된 인식만 따라온다.

스트레스는 어찌할 수 없다. 어찌할 수 없는 것임에도 그것을 자신이 해소할 수 있다고 믿는 것은 결국 스스로 삶의 주도권을 잡고자 하는 절박한 시도일 것이다. 어떤 심리적 문제에 부딪혔을 때 스스로 '꼬리표 붙이기'를 하면서 불안을 줄이려는 것과 비슷하다.

우리가 모든 상황을 통제할 수는 없다. 어찌할 수 없는 일이 있다는 것도 받아들여야 한다. 동시에 시련에는 끝이 있고 모든 상황은 반드시 바뀐다는 것도 기억하길 바란다. 자기 자신을 괴롭히기보다는 앞으로의 변화를 믿고 기다려야 할 때도 있는 법이다.

04

"다리가 부러졌다고 해서
비정상인 것은 아닙니다"

정신적으로 비정상이라고 믿어 버리면
아픈 사람처럼 행동하게 된다.
진단이라는 꼬리표가 자기 예언적으로 작동하게 되는 것이다.

정상과 비정상 사이에서

"선생님, 저는 정상인가요? 비정상이라면 진단은 뭔가요? 확실하게 말해 주세요" 환자나 보호자가 묻는다. 왜 이런 질문을 하는지 이해할 수 있다. 그런데 답하기 어려울 때가 많다. 진단이 불분명하기 때문이기도 하지만, 특정 진단이 강하게 의심되더라도 섣불리 말하는 것이 치료에 도움이 안 될 것 같아 침묵한다. 정신과 진단을 받으면 인생에 큰 오점이 생기는 것처럼 여기거나 자기 정체성에 비정상이라는 낙인이 찍히는 것처럼 여기는 사람을 보면 나는 입을 꽉 다물게 된다.

정신의학적으로 정상이냐 아니냐, 하는 궁금증 속에는

두 가지 불안이 감춰져 있다.

첫째, 자기가 사람들의 무리 속에 들어가지 못하는 것에 대한 두려움이다. 소외에 대한 불안이다. 정상이라는 말을 다른 사람들과 함께 살아갈 수 있는 존재의 증거로 여기는 것이다. 원시부터 인간은 무리를 지어 살았다. 그 속에서 안전을 보장받을 수 있었다. 그럴 수 있는 존재가 진화의 압력을 버텨내고 지금까지 살아남았다. 집단에서 소외되면 생존 위협을 느끼고, 그 불안이 인간 유전자 안에 각인되어 있다.

두 번째는 정신질환에 대한 불안이다. 요즘 들어 편견이 많이 해소되었지만, 정신과 약을 처방받아 복용하면 비정상으로 낙인찍힌다고 믿는 이들이 여전히 많다. 공황 증상 때문에 괴로운 것이 아니라 공황장애 진단을 받았다는 그 자체가 충격적이라며 벌벌 떠는 이를 본 적도 있다. 하지만 정신과 의사는 두말할 나위도 없고, 매일 기도하는 성직자도 정신적 문제에서 자유로울 수 없다. 누구나 우울증에 걸릴 수 있다. 극심한 스트레스에 시달리면 공황 발작이 생길 수도 있다.

'정신의학적 관점에서 치료가 필요한가 아닌가'를 나누

는 기준이 '한 사람의 정체성 전체를 두고 정상인가 아닌가'를 구분 짓는 것처럼 오역되어 왔다. 계단에서 굴러떨어져 다리가 부러지면 골절이라고 진단한다. "당신 다리는 비정상입니다"라고 말하지 않는다. 잦은 기침 때문에 병원에 가면 "기관지 염증이에요"라고 진단하지 "당신은 비정상입니다"라고 하지는 않는다. 마음의 고통도 마찬가지다. "의욕이 없는 건 우울증 때문이에요"라는 의사의 진단을 "당신은 비정상적인 존재예요"라는 뜻으로 받아들여선 안 된다.

인간의 마음에는 회색지대가 있다

정신질환에는 불확실한 것투성이다. 정신의학적 진단은 다른 분야의 그것과는 다르다. 분자생물학, 유전학, 뇌영상 촬영처럼 강력한 기술들은 이미 갖고 있지만 정신과 진단을 확실하게 판명해 줄 수 있는 건 없다. 뇌에 관한 훌륭한 연구 성과들이 끊임없이 발표되고 있지만 진료를 하는 데에 실제로 도움을 줄 수 있는 건 드물다. 수많은 정신질환이 있지만 그중에서 확실한 원인으로 밝혀진 것은 없다. 원인을 모르니 진단하기도 어렵다.

치료는 더 어렵다. 짧은 시일 내에 발병 기전이 정확히 파악될 가능성도 희박하다. 진단에도 불확실성이 있을 수밖에 없다. 정확히 진단하기 힘든 사례도 많고, 한 번 내린 진단이 시간이 흐르면서 바뀌기도 한다. 정확한 진단을 알게 될 때까지 몇 년이 걸리기도 한다. 이것이 정신의학의 현주소다.

'정상'은 규정하기 힘든 개념이다. 정신의학적 측면에서는 더 그렇다. 건강한 사람도 정신질환으로 오해할 만한 증상을 경험할 수 있다. 정신건강이라는 개념 자체가 모호하다. 자연스럽게 갖고 있는 인간의 결함을 모조리 질환이라고 치부하면 정상이란 존재할 수조차 없다. 정신의학에는 회색지대가 매우 넓게 존재한다. 정신건강 영역에서 정상과 비정상을 근본적으로 구분해 내기란 애당초 불가능하다는 얘기다.

누군가를 비정상이라고 의심하거나 확실하지 않은 진단으로 꼬리표를 붙이도록 허용해선 안 된다. 타인이 자신에게 그렇게 하는 것도 심각한 문제지만 "나에게는 ~라는 정신적 문제가 있어요"라고 스스로 단정해서도 안 된다. 이렇게 하면 자기가 자신을 바라보는 관점이 변한다. 망가진 것 같은 느낌, 가치가 없어진 것 같다는 느낌이 따라붙는다. 정신적으로 비정상이라고 믿어 버리면 아픈 사람처럼 행동하게 된다. 진단이라는 꼬리표가 자기 예언적으로 작동하게 되는 것이다.

'정상'을 정의하는 몇 가지 방법

그렇다면 정상은 어떻게 정의할 수 있을까? 정신의학에서 정상성Normality은 다음의 다섯 가지 관점에 따라 다르게 정의된다.

첫 번째는 통계적 정상이다. 어떤 증상과 행동이 통계적으로 예외적인 수준에서 관찰되는 것인지 아닌지를 가지고 정상과 비정상을 구분한다. 자연과학의 관찰값들은 평균을 중심으로 좌우 가장자리로 갈수록 발생 빈도가 줄어드는 양상을 보이며 분포한다. 평균에서 한두 단위 표준 편차 밖에 있으면 예외적 현상이라고 판단한다. 정상성의 통계 모형은 예외적으로 관찰될 만한 상태가 발견되었을 때 비정상이라고 판단한다.

정신 증상의 평균 분포를 정확히 알 수 없다. 설령 정확히 안다 해도 얼마나 예외적으로 발견되어야 비정상이라고 판단할지에 대한 기준이 없다. 자연과학의 통계적 예외처럼 한두 단위의 표준편차 밖에서 관찰되면 비정상이라고 단정할 수는 없다. 통계적으로 흔하게 관찰되는 정신 현상은 정상이고 평균에서 많이 벗어나면 비정상이라고 함부로 질병화할 수는 없다. 이렇게 하는 건 정말 위험하다. 통계적 관점으로 정상성을 규정한다면 이 사회의 소수자들은 모두 다 비정상이 된다.

두 번째는 주관적 고통이 있느냐 없느냐를 기준으로 하는 정상성이다. 이런 관점에서는 아프면 비정상, 안 아프면 정상이다. 정신의학에서는 이 기준을 따르기가 어렵다. 가족을 잃고 슬픔에 빠져 불면증으로 고통받는 이를 두고 비정상이라고 하지 않는다. 환청에 이끌려 혼잣말을 하고

"나는 미국 대통령이다!"라는 과대망상에 시달려도 "나는 멀쩡하다! 조금도 괴롭지 않다"라고 소리 높이는 환자도 있다. 정신적으로는 건강해도 마음이 아플 수 있다. 정신적으로 건강하지 않은데도 당사자는 괴롭지 않다고 말하는 사례도 흔하다.

사이코패스는 아무렇지 않게 다른 사람을 괴롭히고도 다른 사람이 문제라서 그렇게 했다며 눈도 깜짝하지 않는다. 죄책감을 느끼지 않으니 사이코패스 자신은 괴롭지 않다. 주관적 고통이 있느냐 없느냐 하는 것을 기준으로 정상과 비정상을 나누면 사이코패스는 정상이다. 사이코패스에게 괴롭힘을 당하는 이는 비정상이 된다. 정신의학에서 주관적 고통 여부로 정상성을 판단하면 이런 함정에 빠진다.

정상을 정의하는 세 번째 관점은 사회적 기준이다. 사회나 문화마다 정상의 기준이 다르다. 개인이 속한 공동체는 특정한 행동 양식을 정상으로 받아들이기도 하고 그렇지 않기도 한다. 오랫동안 내려온 전통과 다수의 사람들이 공유하는 생활양식이 정상의 기준으로 작동하는 것이다. 만

약 문화에 잘 순응하는 사람이 정상이고 그렇지 않을 때 비정상이라고 판단한다면? 외부의 기대에 맞춰 행동할 때만 정상이라고 한다면? 이런 상황은 생각하는 것만으로도 끔찍하다.

정신의학에서는 특정한 문화권에서만 관찰되는 질환이 따로 범주화되어 있다. 이를 문화 특이적 증후군Culture bound syndrome이라고 한다. 우리나라 여성들에게 흔한 화병이 여기에 속한다. 고통의 표현 양식이 문화마다 다른데 화병 환자는 억울하고 분해도 그 감정을 속으로 삭이다 보니 나중엔 "가슴이 답답하다, 소화가 안 된다, 명치가 꽉 막힌 것 같다"라고 호소한다. 정신의학적으로는 화병으로 진단되지만 환자의 심리를 이해하지 못한 내과 의사는 "위장에 이상이 생긴 것 같으니 내시경을 해봅시다"라고 권유할 수도 있다.

네 번째는 이상적Ideal 관점에 따른 정상이다. 우리가 이상적이라고 여기는 상태와 부합하면 정상이라고 보는 것이다. 어떤 인간상을 이상적이라고 보느냐에 따라서 정상과 비정상이 달라질 것이다.

개인마다 이상에 대한 기준이 다 다르다. 신과 같은 존재가 되어야 정신적으로도 부끄럽지 않을 수 있다고 믿는 이가 있는가 하면, 선인이나 역사적으로 위대한 인물을 이상화하고 자신도 그처럼 되어야만 괜찮은 존재가 될 수 있다고 믿는 이도 있다. 이 기준을 따르면 상상 속에서 품고 있는 이상화된 기준을 적용하여 불완전한 존재인 인간을 평가하게 된다.

이상적 관점에서 정상이라고 규정할 만한 사람이 현실에는 존재하지 않을 수도 있다. 콤플렉스는 누구에게나 있다. 열등감 없는 사람은 없다. 우리 인간은 누구나 어느 정도의 결함을 갖고 있다. 완벽한 인간은 없다. 이상적 관점에서 보면 우리는 모두 비정상이다.

다섯 번째로 임상적 관점에 따른 정상이다. 질환이 없으면 정상, 질환이 있으면 비정상으로 규정하는 것이다. 이 기준을 따르면 정신질환의 존재 여부가 정상을 정의하게 된다. 그런데 정신질환이 있느냐 없느냐 하는 것이 쉽게 판단되지 않을 때가 너무 많다.

우울증 환자가 아니라도 우울할 수 있다. 누구나 우울한 기분에 휩싸인다. 재미없고 우울한 기분이 있는 것만으로는 우울증이라고 진단하지 않는다. 잠도 오지 않고, 불안하고, 식욕도 떨어지고, 주의집중력과 기억력이 저하되고, 죽고 싶은 생각까지 들 정도가 되어야 우울장애 진단 기준을 충족한다. 여러 가지 증상이 한꺼번에 나타나고 그것이 '임상적으로 유의미하게' 일상 및 직업, 대인관계에 문제가 생겼을 때 정신질환이 있다고 진단한다.

증상 몇 개가 한꺼번에 나타나야 진단 기준을 충족할 것인지는 해당 분야 전문가들의 견해를 모아 결정한 것이다. 이렇게 정해진 기준점이라는 것이 질환이냐 아니냐를 정확하게 갈라낼 수 있다고 완전히 담보할 수 없다. 기준점 주변에 걸쳐 있어서 진단 기준을 충족하는지 아닌지 혼란스러울 때가 많다. 다섯 가지 이상의 증상이 있어야 진단 기준을 충족한다고 규정되어 있지만, 네 가지의 증상만 관찰되어도 임상적으로는 치료가 필요할 수 있고 여섯 가지 이상의 증상을 환자가 호소해도 "이걸 꼭 질환이라고 봐야 하나?" 하고 의심이 들 때도 많다. 기준 경계에 걸친 사례가 흔하다.

불안, 오류, 고통… 모든 것이 정상의 한 부분이다

정신질환으로 진단하려면 증상뿐 아니라 기능의 손상이 있느냐 하는 것을 반드시 함께 판단해야 한다. '임상적으로 유의미한 기능 손상'이 있어야 정신질환으로 최종 진단된다. '임상적으로 유의미한 기능 손상'이란 사회적 영역, 직업과 학업 영역, 대인관계 및 일상에서 적절하게 기능하지 못하는 것을 의미한다.

그런데 이 기준이 명확하지 않다. 권태기 부부가 매일 싸우면 일상에 손상이 생긴 것인가? 직장 동료와 갈등이 일어나면 대인관계에 손상이 일어난 것인가? 사회 기술이 부족한 것과 사회적 영역에서 기능이 손상된 것을 어떻게 구분하나? 하루 이틀 결근했다면 직업 기능에 손상이 있는 것인가? 평소에 깔끔하던 사람이 스트레스를 받아서 집 안을 어질러 놓고 산다면 일상 기능에 손상이 왔다고 판단해야 할까? 언어로 기술된 기준은 명확해 보여도 임상적 관점에서 정상인지 비정상인지를 판단하기는 쉽지 않다.

프로이트는 인간은 모두 신경증을 갖고 있다고 했다. 신경중이 인간 존재의 한 부분이라고 여겼다. 정신분석학에서는 정신건강이라는 개념 자체가 없다. 실존적 관점에서 보면 인간은 영원히 불안에서 벗어날 수 없다. 뇌과학으로 보면 인간은 오류투성이다. 뇌 회로는 너무 복잡하기 때문에 늘 완벽하게 작동할 수 없다. 자연스럽게 일어날 수 있는 오류를 비정상이라고 간주해 버리면 정상적인 인간은 이 세상에 존재할 수 없다. 인간의 마음은 평온과는 거리가 멀다.

갈등과 생존 경쟁으로 인한 고통의 상태, 그 자체가 정상이다. 앞 세대가 경험해 보지 못한 환경에서 앞 세대의 도움 없이 살아남아야 하는 상황에서 누구도 도와줄 수 없고 어떤 길이 맞는지 알 수 없는 상황에서 불안하지 않다면 그게 비정상이다. 마음의 고통은 우리가 공동체의 일원인 이상 그것을 면하며 살아갈 수 없다. 충격적인 사고를 겪고 사람이 죽어가는 광경을 지켜보면서 울음이 나고 비통함을 느껴야 정상이다. 아무렇지도 않게 "안타까운 일이 벌어졌지만 나는 책임이 없다"라며 침착하게 말한다면 이것이 비정상이다.

"나는 정상이어야 해!"라는 강한 열망이 정상을 비정상으로 둔갑시킨다. 우리가 정상을 어떻게 규정하느냐에 따라 정신이 건강하다는 말의 의미가 달라진다. 정신질환의 진단은 우리가 무엇인가를 찾으려는 기대에 따라 달라질 수밖에 없다. 무엇을 정상이라고 규정할 것이냐에 따라 "내가 지금 행복한가?"라는 물음에 대한 대답도 달라진다.

05

자기 개념의 덫,
하나의 이름으로 나를 정의할 수 없다

정서는 성격보다 '어떻게 행동하느냐'에 따라 달라진다.

"내가 나를 모르는 건 당연합니다"

사람들은 푸념처럼 "나도 내 마음을 모르겠어"라고 말한다. 하지만 이건 푸념이 아니라 사실이다. 남들이 뭐라 해도 자기 마음은 자신이 확실히 안다고 말하는 이도 있다. 이런 사람은 타인의 충고를 "나에 대해 몰라서 그렇게 말하는 거야"라며 외면한다. 또 어떤 사람은 내면에 숨겨진 진짜 자기를 찾기 위해 상담을 받는다. 정신과 의사와 심리학자가 자기 마음을 정확히 파악해 줄 거라 믿는 것이다. 그런데 과연 그렇게 될까?

누가 나를 알 수 있을까? 나는 나 자신과 너무 가까이 있으니 객관적으로 보기가 어렵다. 다른 사람은 내 안으로 들어올 수 없으니 나를 다 알 수가 없다. 가까이에서 보면 편향이 생기고 멀면 진짜를 놓친다.

내가 나를 본다는 것은 마치 우물 아래를 들여다보는 것과 같아서 너무 깊이 몸을 안으로 기울이면 컴컴해서 아무것도 보이지 않는다. 그러다 잘못하면 헤어 나오지 못할 수도 있다. "내가 누구인지 말할 수 있는 자, 과연 누구일까?"라는 불신에 찬 질문처럼 한 사람을 완전히 이해하는 존재는 없다.

정신분석의 창시자 지그문트 프로이트는 사람의 성격을 "사람이 스스로는 제한적인 통제력밖에 발휘하지 못하는 무의식적 갈등이나 본능적 충동"으로 파악했다. 인본주의 심리학자 칼 로저스와 에이브러햄 매슬로우는 자기실현에 대한 욕구가 성격을 규정하는 결정적 요소라고 주장했다.

행동주의 심리학자인 벌허스 스키너와 앨버트 밴두라는 인간을 빈 서판Tabula rasa 으로 보았다. 아무것도 적히지 않은 백지 같은 것이 인간의 마음이기 때문에 환경에 따라 성격도 무한한 변화 가능성을 가졌다는 것이다. "성격을 어떻게 정의하느냐?"는 "인간을 어떻게 이해할 것인가?"라는 근원적 물음에 따라 다른 이야기가 나올 수밖에 없다.

심리학의 선구자들이 내놓은 이런 주장들은 그들의 개인적 경험과 가치관에서 그 뿌리를 찾을 수 있다.[13] 마찬가지로 사람의 성격에 대해 어떤 이론을 받아들일 것이냐, 하는 것도 그것을 수용하는 개인의 경험과 가치관에 따라 달라진다.

본성과 자아, 초자아의 갈등과 긴장 관계에 관심이 많다면 정신분석 이론으로 인간을 이해하려 할 것이다. 자아실현을 향한 욕구가 인간을 성장하게 만드는 가장 중요한 동기라고 믿는 이는 로저스의 주장에 끌릴 것이다. 사회문화적 환경이 심리에 지대한 영향을 준다고 믿으면 밴두라의 이론이 인간을 더 잘 설명한다고 느낄 것이다. 인간에 대해 어떤 믿음을 갖는지가 한 사람의 성격 평가에도 근원적인 영향을 끼친다.

성격으로 행동을 예측할 수 있을까

그렇다면 혹시 성격검사가 내가 누구인지 정확히 평가해 줄 수 있을까? 성격을 파악하면 자기의 성향과 행동, 숨겨진 욕망까지 송두리째 알 수 있을까? 그럴 수 없다. 컬럼비아 대학교 월터 미셸 교수는 한 사람의 성격을 평가해도 그것을 토대로 그의 행동을 예측하기는 어렵다고 주장했다. 설문을 통해 평가한 성격과 성격으로 예측되는 행동 사이의 상관관계가 매우 낮다고 했다.

또한 그는 어린 시절 아버지와의 경험이 성인기에 무의식적으로 권위적인 인물에게 반복되어 나타난다는 정신분석 이론도 거부했다.[14] 월터 미셸 교수는 개인이 자신의 아버지에 대해 가지는 태도와 직장 상사를 향한 태도 사이에는 관련성이 거의 없다고 말한다. 그의 연구에 따르면 아버지에 대한 태도와 직장 상사에 대한 태도 사이의 상관성은 미미한 수준으로 둘 사이의 상관 계수는 0.03에 불과했다.

성격으로 행동을 예측할 수 있다고 말하는 것은 순환논리에 불과할 수 있다. 어떤 사람이 혼자 있기 좋아하고 말수가 적은 것을 근거로 내향적이라고 평가했는데 그 결과를 활용해서 그 사람이 혼자 있고 말이 적은 것은 내향적인 성격 때문(혹은 내향성 성격검사 수치가 높기 때문)이라고 알려주는 것밖에 되지 않기 때문이다.

성격검사에는 한계가 있다. 한 사람의 행동을 패턴화해서 설명해 줄 수 있을지는 몰라도 심오한 마음까지 알려주진 않는다. 나는 빌리 조엘과 아델을 좋아하고 우울할 때마다 라흐마니노프 피아노 협주곡 2번을 듣는다. 조용히 서재에 앉아 기계식 자판을 누르며 글을 쓸 때의 느낌을 사랑한다. 리갈패드에 2HB 연필로 필기할 때의 사각거림을 좋아한다. 애플 컴퓨터를 15년 넘게 쓰고 있고 애플 뮤직에서 새로운 음악을 발굴하는 게 취미다. 나는 이런 사람이다. 어떤 성격검사도 이런 내 모습을 밝혀내지는 못한다.

성격으로 자신과 타인을 다 이해할 수 있다고 믿어서는 안 된다. 성격 유형에 집착하면 자신과 타인에 대한 선입견이 생긴다. 사회와 환경의 영향을 고려하지 않은 채 성격으로만 사람을 이해하려 들면 편향이 생긴다. 성격이라는 틀로 한 인간을 규정해 버리면 그의 잠재력을 간과하게 된다.

"내성적인 성격을 고치기 위해
해병대에 자원 입대했습니다"

그러나 많은 사람들이 사회적인 기준으로 어떤 성격이 '좋고 나쁜지'를 판단하고, 그에 맞춰 자신의 성격을 고치고자 한다. 정신과 전문의 자격증을 따고 군의관으로 군복무를 시작했을 때 처음 발령받은 곳은 국군대구병원이었다. 포항에 있던 해병대에서 적응장애와 우울증을 앓고 있는 병사가 후송되어 왔다. 그때 이런 이야기를 자주 들었다. "내성적인 성격을 고치기 위해 해병대에 자원 입대했습니다. 해병대에 가면 말수가 적고 사교적이지 못한 성격을 고칠 수 있다고 부모님이 권유해서 오게 되었습니다."

정신과 의사이자 분석심리학의 창시자인 칼 구스타프 융은 요즘 유행하는 성격 평가 도구인 MBTI의 근간을 최초로 만든 사람이다. 그는 사람의 성격을 기본적으로 외향성과 내향성으로 나눴다. 외향형 인간은 외부 대상에 관심을 쏟고 그것으로부터 에너지를 얻는 반면에 내향인은 자기 내면에 초점을 맞춘다. 외향인은 생각하는 데 시간을 허비하지 않는다. 고민에 빠져 있기보다는 자리에서 일어나 바로 행동한다. 내향인은 생각하고 분석하는 데 많은 시간을 쓴다. 이게 그들이 가장 잘하는 일이다.

사람들과 어울리면 내향인은 에너지를 잃는다. 즐겁지 않아도 즐거운 척하고, 대화하기 싫어도 사교적이 되기 위해 애를 쓴다. 자신이 따로 노는 것처럼 보이지 않도록 신경을 쓴다. 긴장하고 있다는 걸 남들이 알아챌까 봐 긴장한다. 기질은 내향적이지만 상황에 맞춰 외향적인 태도를 보이려고 노력하는 것이다. 이런 게 싫어서 핑계를 대고 사교 활동을 피하기도 한다. 그 자리에 있으면 기운만 빠지고 재미도 없을 거라 예상하기 때문이다. 그런데 실제로 그런 상황에 처했을 때 내향인들은 스스로 예측한 감정 그대로 느끼게 될까?

이를 확인하기 위해 내향인들이 사교 모임에 참석하기 전에 자신이 어떤 감정을 경험하게 될지를 떠올리고 기록하게 했다. 그런 뒤 실제 상황에서 느끼는 감정을 개인용 전자단말기를 통해 실시간으로 보고하게 했다. 결과는 어땠을까. 내향인은 모임에 참석하기 전까지는 "사람들과 어울리는 건 힘만 들고 재미도 없을 거야"라고 말했지만 막상 현장에서 측정된 감정을 확인해 보니 즐거움을 느끼는 것으로 나타났다.

내향인이 외향적으로 행동하는 건 힘든 일이다. 하지만 동시에 재미있기도 한데 그들은 부정적인 쪽에 미리 초점을 맞추다 보니 자기 정서를 예측하는 데에 오류$^{Affective\ forecasting\ error}$가 발생하는 것이다.[15] 그들은 외향적인 행동이 가져다주는 긍정적 정서를 과소평가하는 셈이다.

정서는 성격보다
'어떻게 행동하느냐'에 따라 달라진다

특정한 주제를 두고 대화하는 것은 내향인도 즐긴다. 그들은 착상하기를 좋아하고 기발한 아이디어를 종종 내놓는다. 하지만 의미 없이 느껴지는 잡담은 따분해한다. 낯선 사람과의 대화를 내향인은 어려워한다. 소소한 농담으로 분위기를 훈훈하게 먼저 만들어야 하는데, 이런 것을 잘하지 못한다. 쓸모없어 보이는 스몰토크가 사람들을 이어주는 접착제임을 그들은 인정하고 싶어 하지 않는다. 바로 이러한 약간의 무의미를 내향인은 인간관계에서 견디기 힘들어한다.

애쓰지 않아도 타인과의 대화를 술술 풀어가는 외향인을 내향인은 부러워할 필요가 없다. 억지로라도 외향적으로 행동했을 때 내향인이 얻게 되는 긍정적 정서 보상은 외향인에 비해 더 크다. 해보기 전에는 재미없을 것 같아도 해보면 예상보다 큰 즐거움을 얻기 때문이다. 망칠 것이라 여긴 시험인데 실제로 받아 본 성적은 A였을 때 기쁨이 더 큰 것처럼 말이다. 정서는 그 사람의 성격보다는 어떻게 행동하느냐에 따라 달라진다.

사교 활동이 불편하다면 내향인은 예행연습을 해두면 좋다. "그렇게까지 해야 하나?"라는 생각은 접어 두자. 대화 거리를 미리 준비하면 "생각보다 어렵지 않네. 게다가 재밌기도 하네"라고 느낄 가능성이 커진다. 잡담에 소질이 없다면 침묵해도 괜찮다. 누구나 자기 전공이 아닌 일에는 서툰 법이다. 남의 말을 잘 들어주고 입이 무거운 사람으로 좋게 인식될 수도 있으니 염려할 필요 없다.

내향인은 여러 사람들이 있는 곳에서 실수할까 봐 불안해한다. 이런 공포는 내향인이 특히 크다. 남들에게 자신이 특이하게 보일까 봐 신경을 많이 쓴다. 긴장해서 스스로 실수를 부르기도 한다.

하지만 미리 염려하지 않아도 된다. 아무리 세상이 각박해졌어도 작은 실수 때문에 사람을 미워할 정도로 야박해지진 않았다. 그만한 일로 자신을 안 좋게 보거나 이상하다고 평가하는 이가 있다면 그 사람은 만나지 않아도 된다. 그런 사람은 인생에 조금도 도움이 될 게 없으니 멀리하면 그만이다.

예민함에 대한 오해

예민함 역시 사회적으로 좋지 않다고 여겨진다. 누군가가 다음과 같은 세 가지 특성을 도드라지게 드러내면 우리는 그 사람을 향해 "당신은 너무 예민한 것 같아요"라고 꼬리표를 붙인다.

첫째, 지나친 염려와 걱정, 있지도 않은 일을 미리 당겨서 생각하거나 일어날 가능성이 매우 낮은 사건까지 상상하며 불안에 떠는 사람에게 "제발 예민하게 굴지 마"라고 말한다.

둘째는 짜증과 분노다. 예상치 않은 상황에서 불쑥 화를 내거나 사소한 일에도 쉽게 짜증을 내는 이를 보면 "저 사람 참 예민하다"라고 추측한다. 감정 변화가 커도 예민하단 소리를 듣게 된다. 종일 기분 좋게 지내다가 저녁 뉴스 시간에 슬픈 이미지를 슬쩍 보기만 해도 눈물을 흘리며 우울했다가 친구와 수다 떨면서 표정이 금방 밝아지는 사람을 두고 감정이 예민하다고 흔히들 이야기한다. 그런데 이런 특성이 이상하거나 나쁜 게 아니다. 예민성에는 큰 장점이 있다.

걱정과 염려가 많다는 건 세상과 사람들에 대한 관심과 애정이 깊다는 뜻이다. 관심이 없다면 신경을 쓸 필요도 없다. 사랑이 크기 때문에 걱정하는 것이다. 예민한 사람이 화를 잘 내는 건 다른 사람들이 그의 진심을 몰라주기 때문이다.

대학에 다니는 자식에게 잔소리한다고 가족들에게 싫은 소리를 들은 중년의 여성이 있다고 생각해 보자. 그녀의 의도는 '아들이 좋은 여자를 만나서 행복한 결혼생활을 했으면 하는 것'이고, '딸이 건강하고 안전하게 학교를 다닐 수 있었으면 하는 것'인데, 이런 진심을 몰라준 채 "쓸

데없이 신경 쓰지 마"라고 하니 얼마나 속상하고 화가 나겠는가. 타인을 배려하는 진심은 생각하지 않고 "너무 예민하게 굴지 마!"라고 하니 화가 날 수밖에 없다.

예민한 사람들은 남들이 느끼지 못하는 것, 쉽게 지나치는 자극도 감지할 수 있는 섬세함을 갖고 있다. 이런 특성 때문에 기분도 쉽게 변한다. 세상을 향한 레이더의 감도가 보통 사람들보다 높다. 변화를 민감하게 감지하고 직관적 판단에도 능하다. 예민함에 숨겨진 이런 탁월한 능력들을 평범한 사람들은 따라갈 수가 없다.

예민한 사람들은 감정의 파동이 큰 만큼 우울감을 느낄 수 있다. 그럴 때는 "내 마음속에 이런 생각이 있었구나. 내 기분이 우울하구나." 이렇게 자신의 생각과 감정을 남의 것인 양 관찰해 보자. 생각과 감정을 우리의 의지대로 바꾸기는 쉽지 않다. 그런 생각하지 말아야지, 하고 아무리 마음을 먹어도 잘 떨쳐 버려지지 않는다. 걱정되는 일, 신경 쓰이는 일, 화나는 일이 있어도 "내가 걱정을 하고 있구나. 예민하게 느끼고 있구나"라고 자기 마음을 타인의 그것인 양 지켜보면 좋다.

마음속에서 일어나는 파동을 섬세하게 느끼고, 그것에 대해 함부로 반응하지 않고 흘러가게 놓아두자. 세상에서 일어나는 일들을 심각하게 받아들이지 말고 "순리대로 흘러가겠지"라고 읊조려 보는 것도 좋다. '알아차리고 흘러가게 놔두기'를 일상에서 실천하는 것이다.

06

내가 내 마음과 싸운다고 해서
승리가 오진 않는다

열심히 살면 살수록 자신에 대해 덜 생각하게 된다.
진실한 삶을 추구할수록 더 그렇다.
그럴수록 자기 자신에 대한 감각은 옅어진다.

자아 찾기 열풍

"세상은 위험해, 믿을 건 나뿐이야"

사람들은 흔히 "나는 자식에게 헌신하는 좋은 엄마야", "다른 사람에게 폐를 끼치지 않아야 좋은 사람이야"와 같이 자아를 특정한 형식으로 규정하곤 한다. 이럴 때 '좋다, 나쁘다'와 같은 판단이 따라온다. 개념화된 자기에 일치하는 것은 좋고 옳은 것이지만, 그렇지 않으면 나쁘고 옳지 않은 것이라 판단하게 되는 것이다.

힘든 일을 겪어도 "나는 헌신적이어야 해, 나는 친절해야 해"라는 자기 개념을 지키기 위해 스스로를 더 쥐어짜며 고통스럽게 만든다. 오랫동안 마음속에 간직한 규격화된 자기 개념을 지키기 위해서다. 현실 적응을 더 어렵게 만드는 데도 끝까지 자기 개념을 지키려고 하는 것이다. 그 것을 포기하는 것은 정체성이 오염되는 것이라고 느낀다. 획일적으로 채색된 정체성을 있는 그대로 보존하려고 할 수록 심리적 유연성은 줄어든다.

우리는 세상 속에서 그저 살아가기만 하는 것이 아니다. 우리가 해석하는, 우리가 의식에서 구축하는, 우리가 인식 하고 있는, 우리가 마음으로 이해하는 세상에서 살아가는 것이다. 그 속에서 우리는 자기 자신에 대한 논리를 발달시 켜 나간다.

그 결과 "나는 ……인 사람이다"처럼 단순한 명제로 자 신을 규정하게 된다. 이를 두고 개념화된 자기 Conceptualized self 라고 부른다. 정신적 괴로움은 진정으로 원하는 자기 모습, 앞으로 되고자 하는 자기가 아니라 언어로 규정된 자신이 마치 진짜 자기라 믿고 그것에 맞춰 느끼고 생각하고 행동 하기 때문에 생긴다.

획일화된 가치가 사라지고 더 이상 권위나 전통적 규범 같은 절대적 가치관에만 매달려 살지 않게 되었다. 불확실 한 세상에서 확실하다고 믿을 수 있는 건 자기 자신뿐이다. 세상 무엇도 안전하지 않다는 인식은 자아 찾기 열풍을 몰고 왔다. 확고한 자아를 찾으면 안심할 수 있을 거라 기대하기 때문이다. 끝이 보이지 않는 경기 불황과 미래에 대한 희망이 사라진 세상에서 살려면 믿을 수 있는 것은 '자기 자신'밖에 없다고 생각하는 것은 당연한 귀결일지 모른다.

남들보다 앞서야만 자기 가치를 인정받을 수 있는 문화 속에서 산다면 있는 그대로의 자신을 그냥 내버려 둘 수 없다. 다른 사람보다 나은 성과를 올리려면 자기를 다른 무언가로 변화시켜야만 한다는 압박감에 시달린다. 자기 문제를 더 찾아내고 스스로도 모르는 능력이 더 없나 하고 자신을 들여다보게 된다. 약한 부분을 찾아 뜯어고쳐야 살아남을 수 있다고 믿는다.

"나는 누구이고, 나의 약점은 무엇이고, 어떻게 해야 살아남을 수 있는가?"와 같은, 자신에 대한 질문이 점점 더 많아질 수밖에 없다. 당신은 부족하다며 겁을 주는 책이 자꾸만 쏟아져 나오는데 사람들은 점점 더 자신감을 잃어 간다는 게 역설적이다. 통제가 가능하기를 바라지만 실제 상황은 미궁에 빠진 꼴이다.

자기 안으로 파고들지 말고
세상 속으로 파고들어야 산다

건강한 사람도 몇 분간 자기 손만 뚫어져라 쳐다보면 그 위로 개미가 기어가거나 그 아래로 맥박이 뛰는 것 같은 이상한 감각을 느낀다.[16] 특정한 무엇에 과도하게 몰두하면 부정적인 것에 초점이 모아진다. 평소에는 아무렇지 않던 것이 기분 나쁘게 느껴지기도 한다. 누가 봐도 정상이고 아무 문제 없는 속성도 마치 비정상적이고 잘못된 것이 아닌가, 하는 의심에 빠지고 만다. 우울증 환자들이 쉽게 빠지는 함정 중 하나가 자기 마음과 싸우느라 에너지를 다 소모해 버리는 것이다.

자신에게만 몰두하면서 내가 아닌 다른 것에 에너지를 전혀 쏟지 않으면 "나는 한심하고 무능해"라고 자책하거나, 스스로에 대한 부족한 점만 눈에 들어온다. 자신에게 시선을 아예 떼지 못하는 사람은 항상 고칠 점과 약점에만 파고든다.

우울하고 불안한 상태에서는 자신의 결점에 더 강한 스포트라이트가 비친다. 우울증 환자에게 10분 동안 자기 자신에 대해 깊이 생각해 보라고 하면 어떻게 될까? 대부분 더 심한 우울 속으로 빠진다.

생각을 많이 한다고 해서 인생을 더 명확하게 볼 수 있는 것은 아니다. 오히려 인생의 잘못된 부분에만 더 집중하게 만들 뿐이다. "나는 누구지? 내가 뭘 하고 있는 거지? 남들은 날 어떻게 생각할까? 난 왜 행복하지 않을까? 난 왜 만족스럽지 않을까?" 이런 생각은 깊이, 오래 한다고 해서 답이 나오지 않는다.

가끔은 오래 고민하다 보면 뭔가 대단한 통찰을 얻게 된 것처럼 느껴질 때도 있다. "이제야 내 인생이 어디에서부터 꼬였는지 알게 되었다", "나는 절대로 이 직장에서 잘 나갈 수 없다는 것을 깨달았다"라거나 "마음의 상처는 죽어도 해결하지 못할 거다"라는 결론이 번쩍하고 떠오르는 것이다. 하지만 이런 결론은 정답이 아니다. 설혹 정답이라고 하더라도 자기 인생에 별 도움이 되지 않는다. 마음에 무거운 짐 하나만 더 늘어날 뿐이다.

우리는 자신에 대해 지나치게 분석하려고 애쓴다. 사람과 삶에 대한 본질적인 질문에는 정답이 없다. 어차피 없는 정답이라면 너무 깊이 파고들지 않는 것이 낫다. 답을 모른다고 해서 그것이 나쁜 것은 아니다. 사소한 것 하나하나까지 모두 신경 쓰면 오히려 현실에서 진짜 중요한 것을 놓친다. 지금 당장 해야 할 가치에 헌신하며 순간순간의 경험을 놓치지 않으려고 하는 것이 중요하다.

삶에 집중하여 열심히 살면 살수록 자신에 대해 덜 생각하게 된다. 진실한 삶을 추구할수록 더 그렇다. 그럴수록 자기 자신에 대한 감각은 옅어진다. 자기 안으로 파고들지 말고 세상으로 파고들어야 한다. 우리는 삶의 과정에서 진실한 자신의 모습을 그렇게 조금씩 발견해 나간다. 그리고 자기를 발견하면 할수록 자신에 대한 집착도 버려 가게 된다.

과거를 헤집는다고 해서
마음이 아물지는 않는다

오늘날 많은 이들이 개인의 행동뿐만 아니라 사회 현상

까지, 심지어 미래에 대한 예측까지 모든 것을 심리적으로 분석하려고 한다. 부끄럽지만 나도 그럴 때가 있었다. 이런 현상을 심리화Psychologicalization라고 부른다. 이런 심리화가 사람들의 마음에 행복을 가져다줄까? 그럴 리 없다. 수많은 자기계발서와 상담 전문가들이 넘쳐나는데도 우울증은 전혀 줄어들지 않고 있다. 오히려 전염병처럼 급속히 번진다. 심리학의 확산이 개인이 너무 자기 마음속으로만 파고들게 만들고 심리를 잘 공부하면 자아가 저절로 성장할 거란 착각을 일으켰기 때문이다.

프로이트는 인간을 결정론적인 존재로 본다. 과거에 묶여 있다고 여긴다. 성욕이 마치 인간 행동의 모든 동기인 것처럼 다룬다. 정신분석을 얼마나 자주 오래 받아야 인간이 변화되는지 알 수도 없다.

끝날 기미가 보이지 않는 정신분석을 수년, 아니 십수 년 동안 받는 사람도 있다. 과거를 헤집고 나쁜 기억을 들춰내고 그것을 전이轉移라는 작업을 통해 현재에 재연하는 방식으로 통찰에 이르게 한다는 정신분석의 주장도 완전히 신뢰할 수 없다. 과거로 돌아가는 작업을 통해 자기 자신에 대한 진실에 도달한다는 보장이 없을 뿐더러 상처를 더 후벼 파낸 뒤에 제대로 수습되지 못하는 경우도 적지 않다.

무의식적으로 우리는 지금의 나에게 영향을 미치는 과거의 문제에 사로잡혀 괴로워한다. 하지만 그 과거를 잘 이해하고 받아들이면 더는 괴롭힘을 당하지 않고 인생 역사의 한 부분으로 남는다. 억압된 과거는 유령처럼 자꾸 출몰해서 우리를 괴롭힌다. 정신분석이란 우리 안의 유령을 조상으로 바꾸는 일이다. 하지만 과거라는 유령을 몰아내기란 무척 어려운 법이다. 실현 가능한 일인지도 의문이다.

부모에게서 비롯된 상처를 찾아내고 다시 해석하면 마음이 성장할까? 그리스 철학자 에픽테토스는 부모나 어린 시절의 상처에 대해 이렇게 말한다. "끔찍한 부모를 두어 불행하다. 그렇다면 한번 보자. 우리는 '어떤 특정 순간에 이 남자와 이 여자가 서로 정을 통하게 해서 나를 갖도록 해야지' 이런 식으로 부모를 미리 선택할 수 없다. 부모가 먼저 세상에 나오셨고, 그런 다음에 우리가 우리대로 태어났다. 부모들이 태어날 때도 그들대로 마찬가지였다. 그런데 이것이 우리가 불행해야 하는 이유인가?"[17]

정신분석을 자주, 오래 받는다고 해서 '나'라는 사람이 달라진다는 보장은 없다. 마음을 성장시키는 데 도움이 된다는 실증적인 증거도 없다. 다시 말하지만 우리는 자신에 대해 지나치게 분석하려고 애쓴다. 사람과 삶에 대한 본질적인 질문에 대한 정답이 없다면 결국 우리가 선택할 수 있는 최선은 지금의 삶에 더 집중하는 것이 아닐까.

07

"완벽해야 한다" 말하는 것은
"누구도 사랑하지 않겠다" 선언하는 것과 같다

완벽은 신의 영역이지 인간이 닿을 수 있는 곳에 있지 않다.
불완전한 인간이 모여 사는 세계는 완벽할 수 없다.

완벽주의는 이루지 못하는 꿈과 같은 것이다

신경외과 의사에게는 아주 작은 실수도 용납되지 않는다. 뇌수술 중에 일어나는 실수 하나가 끔찍한 결과를 초래하기 때문이다. 100층이 넘는 초고층 건물을 짓겠다고 마음먹었다면 천장에서 물이 새거나 벽에 금 하나도 생기지 않아야 한다. 작은 결점 하나가 상상하기조차 끔찍한 사고로 이어지기 때문이다. 생명을 위협하는 바이러스는 완벽하게 방역을 해야지 "이쯤 하면 충분하다"라며 자만했다가는 걷잡을 수 없는 결과를 낳는다. 생명과 안전에는 완벽을 추구하는 것이 당연하다. "이만하면 충분하다"라는 말은 통하지 않는다.

하지만 현실의 삶은 그렇지 않다. 완벽과는 거리가 멀다. 완벽해지려고 아무리 애써도 완벽하게 완벽해질 수 없다. 완벽주의라고 해서 다 같은 것은 아니다. 심리학적으로 완벽주의는 다음 세 가지로 구분할 수 있다. 첫째, 자기 지향적 완벽주의Self-oriented perfectionism, 둘째, 사회적으로 부과된 완벽주의Socially-prescribed perfectionism, 셋째, 타인 지향적 완벽주의Other-oriented perfectionism이다.[18]

첫째, 자기 지향적 완벽주의는 완벽의 주체와 대상이 자기 자신이 되는 것이다. 높은 수준의 성취 목표, 엄격한 기준을 스스로에게 부과한다. 그것에 도달하기 위해 스스로 노력하는 것이다. 자기 지향적 완벽주의는 활력, 헌신, 몰입, 열의와 정적인 상관관계를 갖는다.

자기 지향적 완벽주의가 높으면 내재적 동기도 커진다. 자율성과 자기 주도성도 높아진다. 높은 학업 성취도와도 연결되어 있다. 그런데 이것도 과하면 문제가 된다. 비현실적인 기준을 스스로에게 부과하거나 자신의 결점, 잘못, 실수를 용납하지 못하면 자기 지향적 완벽주의가 자기 비난을 부른다.

둘째, 사회적으로 부과된 완벽주의는 타인이 자신에게 비현실적으로 높은 기대를 요구한다고 지각하고 그 기준에 맞추려고 완벽을 추구하는 것이다. 완벽주의를 기대하는 주체는 외부에 있고 완벽해야 하는 대상은 자기 자신이 된다. 사회적으로 부과된 완벽주의에 휘둘리면 "다른 사람들이 나에게 완벽해지기를 원한다"라는 문장이 자기 마음을 대변한다고 느낀다.

사회적으로 부과된 완벽주의 아래에는 완벽에 이르지 못하면 인정받지 못하고, 사랑받지 못하고, 나중에는 소외되고 말 거라는 불안이 깔려 있다. 그래서 타인의 평가에 끊임없이 매달리게 된다. 인정받기 위해, 사랑받기 위해, 배척당하지 않기 위해 완벽주의를 추구한다.

사회적으로 부과된 완벽주의는 노력하고도 만족감을 느끼지 못하게 만든다. 성취하고도 내가 이룬 것이 아니라고 느낀다. 목표에 도달하면 잠시 만족할 수는 있지만 오래 가지 않는다. 공허감에 빠진다. 노력 끝에 취하는 휴식 시간이 오히려 불안하다. 또다시 노력해야 사랑받을 수 있고 쉬면 사랑을 잃을지도 모른다는 두려움 때문이다. 사회적으로 부과된 완벽주의 성향이 강한 사람의 내면에는 불안이 항상 숨어 있기 마련이다.

셋째, 타인 지향적 완벽주의는 내가 타인에게 완벽을 요구하는 것이다. 비현실적으로 높은 기준을 타인에게 제시하고 그 기준에 따라 평가하고 비판한다. 나에게 적용하는 기준보다 타인에게 요구하는 그것이 언제나 높다. 나에게는 관대하고 타인에게는 엄격하다.

그러다 보니 타인 지향적 완벽주의자는 대인관계에 문제가 생긴다. 다른 사람을 있는 그대로 받아들이지 못한다. 성취했느냐 성과를 냈느냐 자신이 원하는 기준에 도달했느냐, 하는 것에 따라 사람을 평가한다. 자기 기준에 맞는 사람은 옳고, 그렇지 못한 사람은 비난의 대상이 된다. 타인 지향적 완벽주의자는 진실한 관계를 맺지 못한다. 타인 지향적 완벽주의자와 함께하는 사람은 언제나 눈치를 보게 된다. 잘하고도 뭔가 자기가 잘못한 것 같은 느낌에서 벗어날 수 없다. 사소한 실수나 잘못에도 비난이 쏟아질까 봐 두려워한다. 항상 긴장한다. 평가와 비난으로 사람들을 통제한다.

완벽을 강요하지 않아야 한다
나에게도, 타인에게도, 세상에게도

완벽주의자는 불완전한 인간의 본성을 억압한다. 자연스러운 성정도 잘못된 것이므로 의식에서 받아들이지 못한다. 자신이 정한 완벽의 기준에 못 미치는 인격 요소는 의식 아래로 숨어들어 간다. 자신이 싫어하는 것, 그렇게 되고 싶지 않은 것, 받아들일 수 없는 성향이 마치 내게 없는 것처럼 억압할 때 그것이 무의식에서 그림자가 된다. 자신의 인격에도 불완전함이 있다는 것을 보지 못하고 마치 그것이 없다는 듯이 행동한다. "나는 완벽한데 다른 사람은 다 문제가 있다"라고 여긴다. 그러다 타인이 사소한 실수라도 하면 자기 무의식에 존재하는 그림자를 그 사람에게 투사해서 과한 비난을 퍼붓는다. 별것도 아닌 일에 역정을 내는 사람이 바로 그렇다. 주변 사람들이 이상하게 보는데도 자기만 모른다. 화를 내는 건 다른 사람이 잘되라고 그러는 것이라고 자기 행동을 정당화한다.

완벽을 강요하지 않아야 한다. 나 자신에게도, 타인에게도, 세상에게도 언제나 완벽할 것을 기대해선 안 된다. 완벽은 신의 영역이지 인간이 닿을 수 있는 곳에 있지 않다. 불완전한 인간이 모여 사는 세계는 완벽할 수 없다. 누구나 실수와 실패를 반복한다. 불완전한 채 살아갈 수밖에 없다. 완벽주의를 내려놓아야 미움과 분노도 내려놓을 수 있다. "사람이란 무릇 완벽해야만 한다"라고 믿는 것은 "나는 누구도 사랑하지 않겠다"라고 선언하는 것이나 마찬가지다. 나에 대한 미움, 타인에 대한 미움, 세상에 대한 미움은 우리가 이 세계가 완벽해야만 한다고 믿기 때문에 생겨나는 것이다.

인생은 실험이다. 실험을 많이 해보면 해볼수록 삶은 더 나아진다. 실패하면 어쩌냐고? 그래도 상관없다. 다시 하면 된다. 삶은 영원히 끝나지 않는 실험이다. 결과도 없다. 실험을 계속해 나가는 것, 그리고 계속 나아지는 것, 그 자체가 목표다. 도중에 실패하거나 예기치 못한 일이 일어나도 상관없다. '예정대로'라는 것은 있을 수 없고 있다고 해도 따분한 결과만 찾아올 뿐이다. 뻔한 결과만 발견하게 되는 실험이란 해보나 마나다. 예정과는 다른, 뜻대로 되지 않은 길을 자기 방식대로 자기 느낌을 믿고 계속 나아가는 것, 그 자체가 중요하다.

일을 그르쳤을 때도 부정적으로 생각하기보다는 호기심을 키워보자. 실패에 주눅 들지 말고 "이번 일로 무엇을 배웠나?" 하고 궁리해 보는 거다. 깨달음을 얻었다면 좌절의 경험은 귀중한 데이터가 된다. '덜 익고 엉성한 나의 정체성을 무엇으로 채워 나갈까?'라고 구상할 줄 아는 사람은 미래가 점점 충만해질 것이다.

미지의 삶은 불안하다. 하지만 모르기 때문에 재미있는 것이다. 무지의 인식이 기쁨을 끌어당긴다. "내 인생에 앞으로 무엇이 더 찾아올까?" 하는 궁금증을 키울수록 행복이 보장되는 건 아니지만 최소한 불행은 덜 느끼게 된다. 숫자가 아니라 호기심의 강도가 나이를 결정한다. 아무리 젊어도 "더 알고 싶어"라는 욕구가 희석됐다면 이미 노인이다. "세상이 불확실하고 잘 모르는 것투성이라 불안하다"라고 느낀다면, 그건 당신이 여전히 청춘이라는 증거다.

08

그들이 나쁘다,
당신의 선의와 공감을 교묘히 악용하는 사람들

"나는 너에게 공감해 줄 수 없다"
상대를 향해 단호하게 선을 그을 줄도 알아야 한다.

언어폭력의 교묘함

학교 폭력 중에서 언어폭력이 가장 잦다. 육체적 폭력이나 성폭력이 흔하다면 그것도 심각한 문제지만, 언어폭력을 대수롭지 않게 인식해서 자주 생기는 건 아닐까 하는 걱정이 들었다. 말로 하는 폭력은 멍을 남기지도 뼈가 부러질 일도 없으니까 대수롭지 않게 여기는 건 아닐까? 말로 내두른 폭력은 바람처럼 흩어질 거라 생각하는 걸까? "그깟 말 가지고 왜 그렇게 예민하게 굴어! 툴툴 털어 버려"라며 별일 아니라는 착각에 빠져 있는 건 아닐까 하는 염려가 생긴다.

언어폭력은 사전에 "말로써 온갖 음담패설을 늘어놓거

나, 욕설, 협박 따위를 하는 일"이라고 적혀 있다. 욕설과 폭언뿐 아니라 거짓 소문이나 험담, 약점 놀리기, 외모나 능력 무시하기와 같이 다양한 형태로 나타난다. 어린 시절에 가시 돋친 말로 받은 상처는 어른이 된 후에도 후유증이 남는다. 육체적 폭력이든 언어폭력이든 모두 그렇다. 부모에게서 받은 것이든 또래가 한 것이든 마찬가지다. 모든 폭력은 지워지지 않는 흉터를 뇌에 남긴다.

하버드 의대 마틴 테커 교수팀의 연구 결과를 보자.[19] 과거에 육체적 혹은 성적인 학대를 받은 적이 없는 18세에서 25세 사이의 성인 707명을 대상으로 연구를 진행했다. 피험자들에게 육체적 폭력 및 성폭력을 당한 적은 없지만 어린 시절 또래로부터 언어폭력을 당한 적이 있는지 확인했는데, 이들 중 0.9퍼센트인 63명이 "있었다"라고 응답했다. 언어폭력을 겪은 피험자들은 우울, 불안, 분노-적대감 수준이 그런 경험이 없는 사람들에 비해 유의미하게 높았다. 어린 시절 언어폭력을 당했던 경험과 성인이 된 후의 부정적 정서가 연관성이 있는 것으로 해석될 수 있는 결과였다.

언어폭력을 경험한 이들의 뇌에서도 이상 소견이 발견되

었다. 같은 실험자를 대상으로 뇌스캔을 실시했더니 뇌들보가 위축되어 있었다. 언어폭력이 뇌를 손상시키고 흉터를 남기는 것이다. 뇌들보는 좌뇌와 우뇌를 연결하는 큰 신경다발이다. 좌우 대뇌반구 사이에서 정보를 교환하는 다리 역할을 한다. 이 영역이 정상적으로 작동하지 않으면 정서 조절 문제가 생긴다.

직장 상사가 부하 직원에게 "주먹으로 쳐 버리겠다"라고 말로 위협하는 것과 실제로 주먹을 날려 코뼈를 부러뜨리는 것 중에서 무엇이 피해자에게 더 큰 해를 입힐까? 차라리 한 대 맞으면 그때는 아파도 상사에게 폭행을 당했다는 사실을 증명하기 쉽다. 세상에 알리기도 쉬우니 나중에라도 분함을 덜어낼 수 있다.

하지만 언어폭력의 피해자는 가슴에서 피가 철철 흘러도 세상에 보여 주기 어렵다. 언어폭력을 일삼는 자는 그 수법이 교묘해서 피해자가 증거를 얻기 어려울 때가 많다. 증거가 남을 만한 상황은 피하고 단둘이 있는 사무실이나 차 안에서 폭언을 내뱉는다. 여러 사람이 있는 곳에서는 교묘한 말로 모욕을 주기 때문에 그게 언어폭력이라는 걸 나중에야 깨닫기도 한다. 문제가 되어도 정당화할 만반의 준비를 하고 있다. 정당화가 안 되더라도 "기억에 없다"라며 뻔뻔하게 변명한다.

언어폭력의 피해자는 당하고 나서야 "아, 녹음해 둘걸" 하고 뒤늦게 후회한다. 그렇다고 매번 녹음하기도 어렵다. 폭언의 피해자가 녹음기를 가슴에 품고 있어도 실제로는 녹음하지 못하는 경우도 많다. 마음이 약해서다. 녹음하는 것을 가해자가 눈치채고 자신을 더 괴롭힐까 봐 미리 겁을 먹기 때문이다.

이런 언어폭력이 가장 흔하게 일어나는 곳이 있는데 바로 회사이다.

능력 없고 통제 욕구가 강한 상사를 만났을 때 우리가 겪게 되는 일

나쁜 상사가 주로 괴롭히는 대상은 마음 여리고 심성 착한 사람이다. 타인을 배려하고 돌봐 주는 사람이 오히려 언어폭력의 표적인 경우가 많다. 일을 아무리 잘하는 직원이라도 언어폭력을 일삼는 상사로부터 자유로울 순 없다.

나쁜 상사는 본질적으로 통제 욕구가 강한 사람이다. 타인을 지배하고 복종을 강요한다. 통제 욕구만 강하고 능력은 부족한 상사일수록 폭언으로 타인을 조종하려 든다. 맡은 일을 척척 잘해 내는 부하 직원을 밑에 두면 겉으로는 칭찬해도 속으로는 경계한다. 능력 있는 부하를 위협의 대상으로 느끼기 때문이다. 그를 굴복시켜 자기 통제 아래에 둬야 안심한다. 교묘히 괴롭히고 뒤로는 험담한다. 대놓고 괴롭히기도 한다. 괴롭혀서 자신에게 복종하도록 만든다. 일종의 가스라이팅이다. 이게 먹혀들지 않으면 부하 직원을 내쫓는 게 낫다고 여기고 노골적으로 학대한다.

폭력을 견디다 못해 초라한 모습으로 회사를 떠나야만 하는 직원을 지켜보던 동료들이 "이렇게 그를 떠나게 놔둬선 안 됩니다"라며 떠나는 이를 옹호하고 나서줄까? 대놓고 항의하는 사람은 그리 많지 않을 것이다. 겉으로야 안타까워하지만 속으로는 '나는 당하지 말아야지' 하고 몸을 사린다.

폭력적인 상사가 부하 직원을 괴롭혀서 내쫓는 것은 "나에게 복종하라!"라는 메시지를 전체 조직원들에게 보내고 싶어서다. 이런 신호가 조직 전체에 암묵적으로 전달되고 먹혀들면 직원들은 (소위 말해서) 알아서 기게 된다. 정당한 성과로 평가받는 것이 아니라 '폭력을 휘두르는 보스에게 복종해야 살아남을 수 있다'는 믿음이 종이에 물이 스미듯 번져 나간다. 폭력을 지켜보는 사람의 선량한 양심도 숨 쉬지 못하게 만든다. 세상의 건전한 상식을 파괴하고 우리가 살아가는 사회의 생명력마저 잃게 한다.

사이코패스는 우리 주변 어디에나 있다

역사적으로 봐도 그렇고 지금까지 인간의 존엄성은 존중되기보다는 침해되는 경우가 잦았다. 인간의 욕망 또한 충족되기보다는 억압되기 십상이었다. 왜 이토록 고통받는 사람이 세상에는 여전히 많을까? 바로 우리 인간이 가장 중요한 원인이다. 가학적인 행동으로 쾌감을 느끼는 삐뚤어진 인간들이 이 세상에는 넘쳐난다.

사이코패스는 텔레비전 뉴스에서만 볼 수 있는 사람이 아니다. 알게 모르게 지나쳐서 그렇지, 우리 주변에 사이코패스는 널렸다. 사회적으로 잘 적응한 사이코패스는 눈에 띄지도 않는다. 피상적 관계만 맺고 있으면 사이코패스의 진짜 모습을 못 보고, 오히려 매력적이고 멋진 사람으로 느끼기도 한다. 오랫동안 꼼꼼하게 파헤쳐야만 사이코패스라는 걸 확인하게 되는 경우도 많다. 다음과 같은 양상을 지속적으로 보이면 사이코패스일 가능성이 매우 높다.

하나, 공감 능력의 결핍Lack of empathy이다. 다른 사람의 감정을 같이 느끼지 못한다. 타인의 감정은 이해하지도 못하고 신경 쓰지도 않는다. 같이 아파할 수 없을 뿐만 아니라 무관심하다.

둘, 정서적 분리Emotional detachment이다. 그 누구와도 진정한 정서적 유대를 형성하지 못한다. 계산적인 행동과 표정, 말투로 감정을 흉내는 낼 수 있어도 실제로 느끼지는 못한다. 자기 내면의 정서와도 분리되어 있다. 분노나 좌절, 흥분 같은 원초적 감정을 제외하고는 보통 사람들이 경험하는 정서를 느끼지 못한다. 고통스러운 결과가 초래될 것이라고 예상되는 상황에서도 공포를 느끼지 못하고 침착하다.

셋, 무책임Irresponsiblity이다. 자기 잘못을 인정하는 법이 없고 다른 사람에게 책임을 전가한다. 죄책감을 느끼지 못한다. 후회나 자책도 없다. 궁지에 몰려 어쩔 수 없이 책임을 인정할 때도 있지만 진정성이 느껴지는 후회나 반성이 없다. 필요에 따라 거짓말도 서슴없이 한다.

넷, 과도한 자신감Overconfidence이다. 과대망상 수준으로 자기를 추켜세운다. 자신은 충분한 자격을 갖췄다고 믿는다. 어떤 일을 해도, 그럴 만한 권리가 있다고 믿는다.

다섯, 자기 목적에만 집중Narow attention to self-serving goal한다. 목표와 관련 없는 것에는 주의를 기울이지 않는다. 방해가 되는 것은 무시하거나 가차 없이 제거해 버린다. 이들에게 타인은 단지 이득을 얻기 위한 수단에 불과하다. 최대한 부려 먹고 위해를 가하기도 한다.

여섯, 폭력성Violence도 중요한 지표이다. 모든 사이코패스가 야구방망이를 휘두르고 다니지는 않지만 사이코패스는 근원적으로 폭력적이다. 폭력성을 힘으로 여긴다. 좌절을 견뎌내는 역치가 낮아서 조그만 거슬리는 일이 생겨도 공격성이 쉽게 끓어오른다. 방해가 되면 타인을 공격하고 해를 입힌다. 은밀한 방식으로 주변 사람을 학대하고 착취하기 때문에 폭력성이 공개적으로 드러나지 않을 때가 많다.

그들은 리더의 모습으로 당신 앞에 서 있다

신학자 라인홀트 니버는 인간이 힘을 추구하는 가장 근본적인 이유는 존재 불안에서 비롯된다고 했다. 존재 불안을 숨길 방법은 힘을 축적하고 힘을 행사하는 것이다. 그 힘을 발휘해서 존재 불안을 떨치고 존재의 이유를 찾게 된다고 했다. 결국 권력을 추구하는 것은 불안하기 때문이라는 것이다. 인간의 최대 목적은 힘을 가지려는 의지라고 주장한 심리학자 알프레드 아들러는 인간은 천부적으로 우월성을 추구한다고 주장했다. 인간이 능력을 활용해서 자기 정체성을 나타낼 수 없다면 공격적인 힘을 표출하여 자신의 불만족을 해소할 대상을 찾게 된다고 했다.

정재계의 최고위층에는 사이코패스가 일반인 중에서보다 더 많다. 비즈니스 업계에서 시니어 매니저급에 있는 사람들의 3~4퍼센트가 사이코패스이다.[20] 일반 인구에서 그 비율이 1퍼센트인 것에 비하면 서너 배나 많은 셈이다. 사이코패스가 조직에서는 유능한 관리자로 인정받아 높은 직위에 오르기도 하는데 이건 사이코패스 성향이 훌륭한 리더십인 양 오인되기 때문이다.

공감 능력의 결핍이 위기 상황에서 냉정을 잃지 않고 과감한 결단을 내리는 능력으로 탈바꿈한다. 과도한 자신감과 자기 목적에만 충실한 것이 강력한 추진력을 가진 것으로 비친다. 폭력적 성향이 조직 장악력으로 평가된다. 사이코패스는 자기 자리를 지키기 위해서라면 수단과 방법을 가리지 않는다. 목적을 이루기 위해서는 동료와 부하를 가차 없이 희생시킨다. 사이코패스는 자기 능력과 실적을 그럴듯하게 보이도록 만드는 데 귀재다. 과오를 숨기고 실적을 속여서 자신을 능력자로 위장시킨다.

근원적으로 사이코패스는 다른 사람들은 열등하기 때문에 자신을 위해 희생되는 것이 당연하다고 믿는다. 다른 사람이 진정으로 필요로 하는 것에는 관심이 없다. 사이코패스에게 타인은 마음대로 다룰 수 있는 수단일 뿐이다. 사람의 가치는 자신에게 어떤 이익을 가져다줄 수 있느냐, 하는 것에 달렸다. 타인에게 어떤 해를 끼치든 신경 쓰지 않는다. 미안해하지도 후회하지도 부끄러워하지도 않는다.

사이코패스는 여러 사람이 지켜보는 회의실에서는 신사적인 척하다가, 단둘이 남으면 표정을 싹 바꾸어 폭언을 쏟아내고 모멸감과 수치심을 심어 넣는다. 그러다가도 누가 보면 웃으며 어깨를 다독이는 것이 사이코패스이다. 쉽게 들통나지 않을 거라 판단되면 사이코패스는 성적인 먹잇감을 향해 추파를 던지며 유혹하고 희롱한다. 여러 사람이 있는 곳에서 대놓고 성희롱하는 사람은 사이코패스가 아니다. 그냥 머리 나쁘고 무식하게 용감한 사람일 가능성이 크다.

여러 사람들과 함께하는 모임인 줄 알고 나갔는데 직장상사가 다른 사람에게는 의도적으로 알리지 않아서 그와 단둘이 술자리를 갖게 된 여자 직장인이 있었다. 그 자리에서 그녀는 노골과 은밀을 넘나드는 상사의 유혹을 참고 견디느라 소름이 돋았다고 했다. 어떻게든 그와 함께 있는 시간을 빨리 끝내려고 부모님 핑계를 대고 자리를 떠났다. 그 후부터 사이코패스 상사는 교묘한 방식으로 그녀를 괴롭히고 사람들 앞에서 모욕을 주었다. 얼마 못 가 그녀는 회사를 그만둬야만 했다. 사회적으로 잘 기능하는, 그래서 성공하고 높은 지위에 오른 사이코패스는 평범한 사람이 당해낼 재간이 없다.

우리 모두는 지금 이 순간에도 사이코패스 한 명 정도

와는 관계를 맺고 있을 가능성이 크다. 눈치채지 못하고 있을 뿐이다. 사이코패스인지 아닌지는 된통 당해 봐야 비로소 알게 된다. 현실에서 사이코패스와 대적해서 이기기는 어렵다. 착취당하지 않고 피해만 입지 않아도 다행이다. 가장 좋은 대처법은 웬만하면 이런 사람과는 만나지 않게 해달라고 신에게 기도하는 것이다.

우리는 순교자가 아니다

"공감이 너무 잘돼서 힘들어요. 친구가 제게 고민을 털어놓으면 감정이 그대로 저한테 옮겨 와요. 그 느낌을 떨칠 수가 없어서 잠도 제대로 못 자요." 40대 초반의 한 여성이 이렇게 호소했다. 그녀는 타인의 감정이 빨리, 그것도 너무 쉽게 받아들여진다며 괴로워했다. 가족뿐 아니라 직장 동료의 심정을 당사자보다 더 절절하게 느꼈다. 심지어 연예인이 텔레비전에 나와 가슴 아픈 사연을 이야기하면 마치 자신이 그 일을 직접 겪은 것처럼 슬퍼했다. 대리 외상Vicarious trauma을 경험한 것이다.

다음 네 가지 중 해당하는 게 많은 사람일수록 과도하게 타인에게 감정 이입할 위험이 크다. 하나, 내 감정보다 타인의 감정에 대해 더 많이 생각한다. 둘, 다른 사람이 괴로워하는 것을 보면 일을 제대로 할 수 없다. 셋, 갈등이 생기면 내가 상대에게 상처를 주지 않았는지 자책한다. 넷, 자신도 힘든 상황인데 타인의 기대에 부응하기 위해 희생한다.

이런 사람은 타인을 돌보느라 자기에게 꼭 필요한 것조차 제대로 챙기지 못한다. 자신에게 그럴 책임이 없는데도 다른 사람의 고통을 해결해 주어야 할 것 같은 압박감을 느낀다. 공감을 잘하는 만큼 타인을 도와주지 못했을 때 느끼는 죄책감도 크다. 지나치게 공감해 주다가 에너지가 고갈되고 탈진에 빠지기도 한다. 공감 피로Empathy fatigue다.

공감은 타인의 감정을 고스란히 받아들이는 것이 아니다. 타인의 내적 경험을 예민하게 알아차리면서 동시에 자기 감정도 조절할 수 있어야 공감 능력이 제대로 작동한다. 마음의 경계가 허물어져서는 안 된다. 슬픈 이야기를 듣고 같이 슬퍼하는 것도 필요하지만 한 발짝 물러나 타인과 자신의 감정을 관찰할 수 있어야 한다. "너무 괴롭겠다!"라며 반사적으로 애통해하는 게 아니라 "아, 그래서 슬픈 거구나!"라고 감정의 맥락을 짚어 보는 것도 중요하다. 공감을 성숙하게 활용할 줄 아는 사람은 타인의 정서에 이렇게 반응한다. 이런 능력을 일컬어 메타 감정^{Meta emotion}이라고 한다.

자동적으로 활성화되는 공감 회로를 스스로 제어하기 어렵다면 타인과 물리적으로 거리를 두는 것도 필요하다. 자기가 힘들다는 하소연만 잔뜩 늘어놓고 공감을 받기만을 원하는 사람은 피하는 게 좋다. 어쩔 수 없이 만나야 한다면 솔직하게 말하는 수밖에 없다. "오늘은 미안하지만 네 말을 들어주기가 어려울 것 같아. 네 이야기를 듣고 있으면 네가 느끼는 괴로움이 고스란히 전해져서 나도 같이 힘들어져서 그래"라고 하면 된다. 상대가 싫어한다 해도 어쩔 수 없다. 공감에도 정신적 에너지가 소모된다. 상대방의 고통은 헤아려주지 않고 자기 괴로움만 챙겨달라고 하는 이에게 쓸 만큼 우리의 정신적 에너지는 충분하지 않다.

자신도 모르는 사이에 순교자처럼 자신을 희생하면서 상대가 원하는 대로 몸과 마음을 맞춰 주는 상황을 일컬어 "가스라이팅 당했다"라고 표현한다. 타인의 아픔을 예민하게 알아차리고 어떻게든 해결해 줘야 마음이 편해지는 사람일수록 가스라이팅에 취약하다. 자기 고통을 연극적으로 표출하고 원하는 것을 얻지 못하면 "당신은 너무 냉정하다. 어떻게 이렇게 무심할 수 있느냐!"라며 죄책감을 불어넣는 사람은 경계하는 것이 좋다. 충분히 공감해 주고도 자꾸 미안한 마음이 드는 건, 뭔가 잘못된 관계라는 신호이다.

공감해 주는 것이 언제나 좋은 것은 아니다. 악인의 힘을 키워 주는 일이기도 하다. 사이코패스, 착취적인 고용주, 영리한 선동가는 선량한 사람들의 공감 능력을 교묘히 악용하는 데에 능하다. "당신에겐 공감해 줄 수 없다"라고 분명하게 말하고 그들을 좌절시킬 줄도 알아야 한다.

09

자존감과 열등감
: 어차피 세상은 원하는 만큼의
사랑을 주지 않는다

인간은 자기 가치를 스스로는 증명하지 못하는 불운한 존재다.
"남들이 뭐라 하건 나는 나를 사랑해!"라는 믿음만으로
자존감은 지켜지지 않는다.

자아를 존중하는 힘은 어디에서 오는가

자존감이라는 단어는 워낙 널리 알려져 식상한 느낌이 있다. 하지만 심리학적으로는 여전히 중요하다. 자아 존중 감은 '객관적 이유와 상관없이 내가 나를 어떻게 느끼는지에 대한 인식'에 기반한다. 자신의 고유한 가치를 스스로 인정하고 존중하는 마음이 충만하면 "자존감이 높다"라고 말한다.

10대의 자존감은 오르락내리락하는 게 정상이고, 2~30대가 되어도 근거 없는 자기 비하와 비난에서 완전히 벗어나지 못하게 마련이다. 중장년은 자존감이 높을까? 그렇지도 않다. 나이가 들어도 심리적 약점이나 결핍에 대한 인식은 사라지지 않는다. 자존감을 갉아먹던 결함이라고 여겼던 성향이 떼어 낼 수 없는 자기 정체성의 일부라는 사실을 겸허히 인정하게 될 뿐이다. 자기 모습에 익숙해지고 덜 미워하게 되는 것이다. 우리의 자존감도 이렇게 변해 간다.

의지력과 자존감, 동기 부여 분야에서 탁월한 연구 결과들을 발표해 온 사회심리학자 로이 바우마이스터 교수는 자존감만 키워 주려는 훈련들이 과연 실제로 얼마나 유익할 수 있는지 의구심을 가졌다. 이와 관련된 실험들을 종합 분석한 뒤 그는 다음과 같은 결론에 이르렀다. "자존감은 잊고 자기 조절과 절제에 더 집중하라."

자존감 함양이 심리 문제의 근본적인 해결책인 양 부추기는 사회적 분위기가 타인을 존중하고 배려하려는 노력을 덜 하게 만드는 부작용을 일으켰다고 그는 비판한다. 불안정한 자아 정체성을 가진 사람이 자존감만 높이려다 자아 도취에 빠지면 타인에게 공격적으로 변하기 쉽다. 이런 사람들은 자기 의사에 반하는 의견을 듣거나 사소한 불편에도 발끈한다. 자존감 키우기에 열중하다 보니 자존심이 조금만 상해도 참지 못하게 된 것이다. 자존감 이전에 절제와 겸양을 더 익혔어야 했는데 그러지 않은 탓이다.

진정한 자존감은 '내가 타인과 공동체에 유익한 존재'라는 느낌에 기반을 둔다. 그저 나를 사랑하고 나를 존중하려는 마음가짐만을 의미하는 게 아니다. '나만 생각하고 나만 사랑하는 것'으로는 자존감이 높아지지 않는다. 나를 벗어나 타인과 세상에 쓸모 있는 존재라는 자기 인식이 없다면 자존감을 키울 수 없다.

심리학의 연구 주제도 근래에는 겸손이라는 덕성에 더 주목한다. 겸손한 이가 그렇지 않은 사람보다 학습, 문제해결, 의사결정에서 더 뛰어난 성과를 거두는 것으로 나타났다. 지식을 습득하는 과제를 얼마나 잘 수행하는지 예측하는 데에도 "겸손한 품성을 가졌는가?"가 지능지수보다 더 정확한 지표임을 확인한 연구 결과도 있다. 겸손하면 스스로 부족하다고 느끼고 계속 공부하려고 노력하므로 결국에는 타고난 재능을 뛰어넘어 더 높은 성취에 이를 수 있다는 뜻이다.

지도자가 겸손하면 그렇지 않은 경우보다 따르는 사람들이 그에게 더 많은 신뢰를 느낀다. 단순히 추종하는 것이 아니라 헌신한다. 아랫사람들이 스스로 창조적으로 사고하고 행동하게 이끄는 지도자의 품성도 다름 아닌 겸손이다. 경영 컨설턴트 짐 콜린스는 사업가적 의지에 인간적인 겸손함이 결합되어야만 최고 수준의 리더십에 도달할수 있다고 했다.

자기 약점과 한계를 정확히 아는 사람일수록 가벼운 우울을 느끼고 자존감이 낮다고 인식하는 경향을 보인다. 자연스럽고 당연한 현상이다. 마음에 대해 겸손하게 배워 갈수록 인간은 누구나 근원적인 부족함에서 결코 벗어날 수없다는 엄연한 사실에 직면할 수밖에 없기 때문이다.

자아를 존중하는 힘은 상담이나 훈련을 받아도 쉽게 솟아나지 않는다. 심리서를 읽고, 유튜브 강의를 듣고 세워올린 자존감은 역경이 닥치면 금방 허물어진다. 힘과 용기를 모아 자기 한계를 극복하려고 노력하는 과정에서 저절로 얻어지는 부산물이 진짜 자존감이다. 자존감만 키워보겠다고 애쓰는 건 부질없는 일이다.

우리가 스스로를 속이는 이유

"너 자신을 알라." 동서고금을 막론하고 언제 어디서나 인정받는 삶의 지침이다. 그런데 우리는 자신에 대해 정말로 잘 알고 있을까? 사람들에게 자신의 운전 기술, 외모, 지능, 친절한 정도, 운동 능력이 다른 사람에 비해 어느 정도 수준인지 물으면 대부분 평균보다는 낫다고 대답한다. 자존감이 낮다는 사람들이 넘쳐나는 세상이지만 은밀하게 물으면 많은 사람들이 그렇게 답한다.

하지만 이런 대답은 참일 수 없다. 대다수가 자신의 능력이 평균적인 수준보다는 뛰어나다는 것은 통계적으로 불가능하기 때문이다. 객관적 평가와 상관없이 자기 능력과 자질을 더 좋게 인식하는 것을 자기 고양Self-enhanacement이라고 한다. 단순히 허세를 부리는 것과는 다르다. 자기 고양은 자신의 모호한 특성을 좋게 인식하고 타인의 부정적 측면은 선택적으로 강조해서 다른 사람보다 자기를 우월하게 평가하는 심리 기제다.

겉으로는 "내 얼굴이 못마땅해. 몸매가 마음에 안 들어"라고 불평하는 사람도 마음 깊은 곳에서는 "나는 다른 사람보다 더 이뻐. 내가 다른 사람보다 더 날씬해"라는 생각을 품고 있다. 165센티미터 키에 몸무게가 35킬로그램인데도 "나는 뚱뚱해"라고 말하는 식이장애 환자가 있다. 신체상을 부정적으로 왜곡하고 있는 것이다. 그런데 이 사람에게 자신의 허리 사이즈에 맞게 로프로 원을 만들어 보라고 하면 실제 사이즈보다 훨씬 더 작게 원을 만든다.[21] 의식적으로는 자기 몸매를 부정적으로 평가해도 무의식에서는 긍정적 자기 이미지를 품고 있는 것이다.

우리는 스스로를 속일 수 있기 때문에 두 발 뻗고 편히 잠들 수 있다. 자신의 민낯 그대로를 마음속에 담아 둔 채 편하게 살아갈 수 있는 사람이 몇이나 될까? 이상적인 모습이 자기라고 믿어야 기분 좋게 살 수 있다. 어떻게 해도 벗어날 수 없을 것 같은 상황에서 희망을 잃지 않으려면 자기 자신을 속이는 것 말고 다른 방법이 없다. 자기를 속여서라도 희망을 갖는 것은 생존을 위한 인간의 본능이다. 거짓을 품어선 안 된다고 하면 희망도 가질 수 없다.

시카고 경영대학원의 니콜라스 에플리와 에린 휘처치의 연구 결과를 보자.[22] 연구자들은 피험자의 얼굴 사진을 찍었다. 그런 뒤에 피험자의 사진을 조작했다. 피험자가 실제보다 더 매력적으로 보이게 사진을 조작하기도 하고 반대로 매력적이지 않게 보이도록 조작하기도 했다.

사진 조작의 정도를 10퍼센트에서 50퍼센트까지 다양하게 준비했다. 다양하게 준비된 사진들(조작되지 않은 사진, 살짝 매력적으로 조작된 사진, 대단히 매력적으로 조작된 사진)을 섞은 후 피험자에게 조작되지 않은 자신의 진짜 모습이 담긴 사진 한 장을 찾아내라고 지시했다. 피험자들은 실제 자신의 얼굴이 담긴 사진이 아니라 매력적으로 보이게끔 10퍼센트 조작된 사진을 자기 얼굴 이미지라고 선택했다. 자기 얼굴 이미지를 실제보다 더 호감이 가는 이미지로 지각하는 것이다.

앞의 실험과 비슷하게 피험자의 진짜 얼굴이 담긴 사진 한 장과 실제 얼굴보다 20퍼센트 더 매력적으로 조작된 사진 한 장, 그리고 매력적이지 않게 20퍼센트 조작된 사진을 각각 준비했다. 그리고 다른 사람의 얼굴이 찍힌 사진 11장 속에 그중 하나를 섞어 두었다. 그런 뒤에 컴퓨터 스크린에서 총 12장의 사진(그중에 피험자의 얼굴이 담긴 것은 한 장)을 보여 주면서 자기 얼굴이 나왔을 때 최대한 빨리 버튼을 누를 것을 지시했다. 결과는 어땠을까? 실제 자기 얼굴이 나온 사진보다 매력적으로 조작된 얼굴이 나온 사진을 더 빨리 알아차리고 버튼을 눌렀다.

불평등한 사회일수록
자신이 우월하다는 '자기 고양'에 빠지기 쉽다

이 같은 자기 고양 편향은 여러 문화권에서 공통적으로 관찰되는 현상이다. 하지만 자기 고양이 심한 정도는 문화마다 다르다. 서양 사람이 동양인보다 자기 고양 편향이 강하다. 개인주의를 중요하게 여기는지, 아니면 집단주의를 중요하게 여기는지에 따라 다르다고 알려져 있다. 사회가 개인에게 독립성을 강조하는지, 아니면 상호의존성을 강조하는지에 따라서도 다르게 나타난다. 그런데 이와 같은 문화적 차이가 아닌 경제적 불평등이 자기 고양을 심화시키기도 한다.

경제적 불평등과 자기 고양의 상관성에 대한 연구를 보자.[23] 소득 불균형과 개인의 자기 고양 정도 사이에 상관성을 확인하기 위해 15개 나라의 지니 계수와 그 국민들의 자아 팽창$^{Ego\ inflation}$ 수준을 조사했다. 각 나라의 문화적 특성(개인주의와 집단주의)도 같이 조사해서 연구 분석에 포함시켰다. 이 연구 결과를 보면 문화적 차이보다는 소득 불균형이 자기 고양과 더 큰 상관성이 있음을 알 수 있다.

집단주의적 문화이고 소득 불균형이 높은 베네수엘라와 집단주의적 문화이고 소득 불균형은 낮은 일본을 비교했다. 그 결과 베네수엘라는 일본보다 자기 고양이 더 심했다. 국가별로 비교했을 때 소득 불균형이 심할수록 자기 고양도 더 강한 것으로 나타났다. 소득 불균형이 심한 나라의 국민일수록 자신이 평균보다 더 우수한 특성을 가졌다고 믿는 것이다.

경제적 불평등은 사람들 간에 경쟁을 유발한다. 우위를 점하기 위해 개인은 무의식적으로 자아를 팽창시켜야 하는 상황에 놓인다. 일본 사람들은 미국 사람들에 비해 자기 고양 정도가 낮다고 알려져 있다. 하지만 인위적으로 경쟁을 유도시키는 실험(피험자들을 대상으로 제로섬 조건에서 제한된 자원을 두고 경쟁하도록 설계)을 해보면 자기 고양의 정도가 미국인의 그것과 유사한 정도로 커진다.[24] 경제적 불평등은 경쟁을 더 예민하게 만들 뿐만 아니라 경쟁 속에서 자신이 더 우월해지려는 열망도 함께 강화시키기 때문이다.

불평등한 사회에서 사는 사람일수록 더 강한 자기 고양에 빠져드는 것은 이러한 열망의 표현이다. 경제적으로 평등한 사회라면 경쟁으로 다른 사람보다 나아지는 것으로 인한 이득이 적기 때문에 우월성에 대한 대중의 욕망도 작아진다. 자본이 균등하게 분배되면 개인이 스스로 자아를 팽창시킬 이유도 사라지기 때문이다.

열등감을 피할 수 없다면
열등감을 이용하는 수밖에

자존감을 무너뜨리는 또 하나의 감정이 있다. 바로 열등감이다. 사회적 지위를 보면 대한민국 최고라 해도 과장이 아닐 40대 여성이 "열등감 때문에 괴로워요"라고 말했다. 학교 성적으로 앞서 나갔고, 명문 대학에 진학했으며, 남들이 선망하는 직업까지 얻었지만 자신은 초라한 사람이라는 생각에서 벗어나지 못했다. 처음엔 그녀의 고통에 공감할 수 없었다. 그런데 아무리 숨기려 해도 밖으로 드러날 수밖에 없던 가난 때문에 또래들에게 무시당했던 고교 시절의 상처가 중년이 된 지금도 아물지 않았다는 과거사를 내보이니 그제야 나는 고개가 끄덕여졌다.

인간은 자기 가치를 스스로는 증명하지 못하는 불운한 존재다. "남들이 뭐라 하건 나는 나를 사랑해"라는 믿음만으로 자존감은 지켜지지 않는다. 남들로부터 받는 관심과 인정, 존중과 사랑이라는 헬륨이 없으면 자존감이라는 풍선은 금방 쪼그라든다. 아주 작은 무시와 멸시도 바늘이 되어 자존감을 꺼뜨려 버린다.

세상은 자신이 원하는 만큼의 애정을 주지 않는다. 그리고 언제나 모멸을 피할 수도 없다. 사람은 모두 저마다의 열등감을 가지고 살 수밖에 없는 것이다. 겉보기에는 무엇 하나 부족한 것 없어 보이는 사람도 눈에 띄지 않는 결함을 반드시 갖고 있다는 인간 존재의 보편적 나약함에 대해 잊지 않아야 한다.

열등감은 나쁜 것이 아니다. 다중지능 이론^{Multiple intelligence}

theory의 창시자인 하버드 대학의 하워드 가드너 교수는 "성공한 인물의 상당수가 불행한 과거에서 연원한 열등감을 갖고 있다"라고 했다. 냉혹한 승부의 세계에서 열등감으로 똘똘 뭉친 사람이 승리를 쟁취하는 사례가 차고 넘친다. 자신이 열등하지 않다는 것을 증명해 보이려는 열망이 승리를 이끌어 내기 때문이다. 과거의 불행을 두 번 다시 겪지 않아야 한다는 절박함이 승부욕을 끓어오르게 만들기 때문이다.

열등감에서 벗어나 더 잘 살기 위해 노력하고, 더 나은 사람이 되려는 동기를 일컬어 심리학자 알프레드 아들러는 우월성 추구Striving for superiority라고 했다. 주어진 운명을 바꿔 놓는 힘이 바로 열등감이다. 열등감을 느끼게 하는 대상과 상황을 인식하면서 우리는 자신이 인생에서 가장 염원하는 것이 무엇인지를 깨닫게 된다.

그러니 열등감을 떨치는 데만 초점을 맞추어선 안 된다. 명품으로 치장하고 권력으로 무장해서 남들 앞에서 우쭐거리는 거짓된 우월성을 추구할 위험에 빠질 수 있다. 그렇게 해봤자 열등감은 사라지지 않고 거기에 공허감까지 벌칙처럼 떠안게 된다. 남들과 자신을 비교하는 것은 중요하지 않다. 과거보다 현재의 내가 더 나은 사람이 되기 위해 노력하는 것, 그리고 미래의 나는 더 나아질 거란 기대가 중요하다.

열등감을 자극받으면 사람은 스스로를 못마땅하게 여기는 자기 특성에 자동적으로 주의가 옮겨지고 괴로움을 느낀다. 이 고통에서 벗어나려면 열등감을 느끼더라도 다르게 반응하도록 의식적으로 노력해야 한다. 자신의 허접함과 못마땅함이 때때로 열등감을 일으킬 수 있다. 하지만 그런 부족함조차도 나라는 사람을 완성시키는 필수 성분이다. 있는 그대로의 자신을 끌어안고 다독여야 한다. 물론 쉽지 않은 일이다. 나도 잘 안 될 때가 적지 않다. 그럼에도 스스로에게 "열등감에도 불구하고 이렇게 훌륭히 살아가고 있는 내가 나는 자랑스러워"라고 말해 줄 수 있어야 한다.

10

감정을 억압하는 당신,
슬퍼하기를 두려워하면 행복할 수 없습니다

슬프면 슬프다고 하면 되는데 "아, 술이 당기네" 하고 자신을 속이면
슬픔은 해소되지 못하고 자칫 알코올에 의존하게 된다.

감정을 조절하는 데 에너지를 너무 많이 쓴다면

감정을 의지력으로 통제할 수 있을까? "지금부터 기분 좋아질 거야"라고 아무리 마음먹어도 그렇게 되지 않는다. "나는 지금부터 너를 사랑할 거야"라고 결심한다고 사랑이 샘솟지는 않는다. 자기계발서 한 권 읽고 "오늘부터 행복해질 거야!"라며 주먹을 불끈 쥔다고 행복이 찾아오지 않는다. 의지력으로 긍정적 정서를 만들어 낼 수는 없다.

하지만 의지력으로 부정적 감정을 억누르거나 이를 외부로 표출하는 방식을 변화시킬 수는 있다. 정신력을 소모시키면 가능하다. 그러나 계속 그렇게 하다 보면 나중에는 에너지가 고갈된다. 육체노동을 많이 하면 체력이 고갈되는 것처럼 감정을 억제하다 보면 의지력도 고갈된다.

슬픈 사연을 들려준 뒤 슬픔을 억누르라고 지시한 후에 수학 문제를 풀어 보라고 하면 실수가 잦아진다. 문제 푸는 시간도 더 걸린다. 잘 안 풀리면 포기도 빨라진다. 감정을 조절하느라 의지력을 소모해서 정작 문제를 해결하는 데 쓸 에너지가 없어졌기 때문이다. 이런 현상을 자아 고갈$^{\text{Ego depletion}}$이라고 한다. 플로리다 주립대학교 로이 바우마이스터 교수가 주장한 개념이다. 자아 고갈은 충동, 욕구, 정서를 억제하고 통제하는 동안에 의지력이 소모되고 이런 상황이 반복되면 정신 에너지가 고갈된다는 것이다.

자아가 고갈되면 분노를 폭발하기도 하고 충동을 억제하지 못한다. 자기 조절에 문제가 생긴다. 부정적 정서는 더 강해지고 그것을 억제하거나 다른 방향으로 전환시키는 능력은 약해진다. 사소한 문제에도 화가 치밀어 오르고 다른 사람의 행동이 눈에 거슬리게 된다. 사소한 비난과 좌절에도 감정이 치밀어 오르고 낙담한다. 돌발적으로 행동할 위험도 커진다.

자아 고갈 상태에서는 부정행위도 늘어난다. 피험자들을 'X'와 'Z'를 쓰지 않고 글을 쓰게 한 집단과 'A'와 'N'을 쓰지 않고 글을 쓰도록 한 집단을 비교 관찰했다. 영어에서는 보통 'A'와 'N'을 쓰지 않고 글을 쓰는 것이 더 힘들다. 이렇게 할 경우 자아 고갈이 쉽게 일어난다. 두 집단의 피험자에게 매트릭스 풀이 과제를 부여했다. 두 집단이 과제 수행 수준은 같았지만 부정행위를 저지른 정도는 유의미한 차이가 있었다.

자아 고갈이 일어나지 않은 집단은 자기가 맞힌 문제의 개수를 대체로 1개 정도 부풀려서 말했다. 그런데 자아 고갈을 경험한 피험자들은 실제로 푼 것보다 3개 더 많이 풀었다고 보고했다. 어렵고 부담스러운 과제를 해결할 때 이런 현상이 더 뚜렷하게 나타난다.

감정노동을 하면 일어나는 일

막무가내 상사의 폭언을 듣고도 꾹 참아 내고 짜증 나게 만드는 고객을 웃으며 응대하다가 집에 와서는 별것 아닌 일로 가족에게 신경질을 부린 경험이 누구에게나 있을 것이다. 종일 직장에서 시달린 맞벌이 부부는 퇴근하고 집에 와서 부부 싸움을 할 가능성이 높다. 직장 상사와 동료에게는 깍듯하게 행동하는 사람이 집에 와서 가족에게는 퉁명스러울 때가 왕왕 있다. 사람이 성숙하지 못해서 그런 게 아니다. 위선적이라 그런 것도 아니다. 사회 생활하면서 화를 억누르고 억지로 웃어 주느라 너무 많은 에너지를 써서 그런 것이다. 의지력은 유한한 자원이라 한곳에서 다 써 버리면 다른 곳에 구멍이 생긴다.

실제 느끼는 감정을 있는 그대로 표현하지 못하고 조직에서 요구하는 규칙에 따라 감정을 표현하도록 강요받을 때 우리는 이를 가리켜 "감정노동을 한다"라고 말한다. 감정노동자는 분노와 우울감을 느껴도 그것을 있는 그대로 드러내선 안 된다. 자신을 불쾌하게 만들고 모욕하는 고객에게조차 부정적인 감정을 느끼지 않도록 요구받는다. 감정노동에는 정신 에너지 소모가 크다. 자아 고갈에 빠질 위험이 높다.

감정노동을 오래 하면 탈진증후군이 발생한다. 의지력이 고갈되고 일뿐 아니라 일상생활에서도 열정이 사라진다. 아침에 일어나서 깔끔하게 옷을 차려입고 출근하는 것도 부담스러워진다. 자기 전에 씻는 일조차 하기 싫어진다. 감정노동으로 의지력이 고갈되었기 때문이다. 엄격하게 감정을 통제하다가 어느 순간 그것에서 벗어났을 때 폭식하고, 낭비하고, 성욕을 주체하지 못한다. 감정 통제가 자기 파괴로 이어진 것이다.

자신이 평소보다 예민해졌다고 느껴지는가? 당신을 열받게 하는 사람들이 늘어난 것처럼 느끼는가? 식욕과 성욕을 억제하기가 힘든가? 단순한 것도 결정하지 못하고 갈팡질팡하는가? 일을 자꾸 미루고 실행하는 데에 어려움을 느끼는가? 그렇다면 탈진에 빠진 것은 아닌지 점검해야 한다. 이때는 자신을 더 쥐어짜지 말고 건강한 음식을 먹고 충분히 쉬어야 한다.

감정을 온전히 통제할 수 있다는 건 환상이다. 그렇게 할 수도 없지만 그렇게 해서도 안 된다. 만약 우리가 감정을 원하는 대로 조절할 수 있다면 우울증에 걸려도 그건 환자 탓이 된다. 우울감을 스스로 조절하지 못했다는 것이기 때문이다. 무단 해고를 당하면 분노해야 정상인데, 화가나는 자신을 탓하게 된다. 이별하고 슬퍼지면 슬픔도 참지못한 자신을 나약하다고 여기게 된다. 자신의 감정을 바람직하지 않은 것으로 해석하면 자기 비난이 따라온다.

"술이 당기네"라는 말은 잘못되었다

감정은 외부 자극에 대한 적응 반응이다. 연인과 이별하면 슬픈 것이 정상이다. 슬픔이라는 감정은 상처를 보듬고 위안을 끌어온다. 모욕을 당하면 화나는 게 당연하다. 분노는 정체성을 지켜준다. 외로움은 타인을 곁에 두어 생존 확률을 높이기 위해 존재하는 감정이다. 슬픔과 분노, 외로움은 인간이 거친 세상에서 생존하고 적응하는 데 필수적인 핵심 감정이다.

"슬퍼도 참아야 해"라고 감정을 통제하라고 교육을 받으면 자신의 감정을 왜곡하게 된다. "약한 사람이나 불안에 떠는 거야"라는 말을 듣고 자란 사람은 "내가 괴로운 건 너 때문이다"라며 남 탓을 하며 자기 안의 불안을 감춘다. 불안은 약한 사람이나 느끼는 것이고, 강한 사람인 자신은 그런 감정을 느끼지 않는다며 부정한다. "다른 사람에게 기대면 안 돼. 그건 나약한 사람들이나 하는 행동이야!"라는 훈육을 받으며 큰 사람은 외로움을 느낄 때마다 "난 나약한 사람이야"라며 자기를 비난하게 된다. 외로울 때마다 "혼자가 편해"라는 말로 친밀감에 대한 욕구를 덮어 버리기도 한다. 정상적인 감정을 창피하게 여기거나 그런 감정을 느끼는 자신을 못마땅히 여기면 심리적 문제가 생긴다. 억압된 감정은 나중에 화산처럼 폭발한다.

슬프면 슬프다고 하면 되는데 "아, 술이 당기네" 하고 자신을 속이면 슬픔은 해소되지 못하고 자칫 알코올에 의존하게 된다. 외로움을 느낄 때마다 자기를 비난하게 되고, 못난 자신을 좋아할 리 없다는 생각 때문에 다른 사람에게 다가가지 못한다. 모욕을 느껴도 "내가 못나서 그런 거야"라고 자기 탓을 한다. 억울한 일을 당해도 참는 게 익숙해지고 무력한 사람으로 변해 간다.

감정을 두려워하면 감정을 억압하게 된다. "느낌이 어때요?"라고 물으면 대답을 하지 못하고 우물쭈물한다. 마음의 동요가 슬픔인지 두려움인지 분노인지 구분하지 못한다. 우울은 이별한 뒤의 슬픔 때문일 수도 있고, 목표에 도달하지 못한 좌절 때문에 생기기도 하며, 마음의 깊은 상처와 연관된 것일 수도 있다. 그런데 "그냥 우울해요"라고 해버린다. 감정의 진짜 원인이 현재에 있기보다는 과거 기억의 흔적과 연관되어 있을 수도 있는데 깊은 심리로 들어가려고 하면 "왜 우울한지 모르겠어요"라고 막아 버린다.

자기 내면에서 일어나는 감정을 깨닫지 못하고 혼란스러워하기도 한다. 이런 혼란이 싫어서 아무 감정도 느껴지지 않는 것처럼 스스로를 무디게 만든다.

사람들은 "불쾌한 감정을 없애 주세요. 다시는 이런 느낌이 들지 않게 해주세요"라며 정신과에 찾아온다. 약으로라도 부정적 감정을 억눌러 달라고 한다. 술로 감정을 무디게 만들거나 수면제를 찾기도 한다. 우울이 전부 우울증은 아니고, 불안하다고 불안장애라고 단정하면 안 된다. 그런데도 행복하려면 우울과 불안이 완전히 사라져야 한다고 믿는다. 견디기 힘들더라도 감정은 있는 그대로 받아들이게 먼저다.

슬픔과 불안에 대한 문제만이 아니다. 때로 사람들은 "수줍음이 많아서 낯선 사람들 앞에서 말을 잘 못 해요. 가슴이 두근거려서 발표도 잘 못 하고요. 상담받으면 수줍음을 없앨 수 있나요?"라고 묻는다. 그러면 나는 "그럴 수 없어요"라고 대답한다. 수줍음은 정상적인 인간의 특성 중 하나다. 안전한 선택을 하도록 유도해서 생존 가능성을 높이는 것이 수줍음의 숨겨진 기능이다. 새롭고 낯선 것을 향해 모험을 하기보다는 주저하며 뒤로 물러서는 것은 위협을 신속하게 발견해서 반응하도록 뇌 회로가 인류의 조상 대대로 그렇게 구성되어 있기 때문이다. 낯선 상황에서 조심하도록, 그래서 생존 가능성을 높이는 것이 수줍음이라는 감정이 존재하는 이유이다.

그렇다고 정신과 상담이 아무런 효과가 없다는 뜻은 아니다. 치료를 받으면 과도한 수줍음에서 벗어날 수 있다. 이때 중요한 치료 인자는 "수줍음을 느껴도 내가 원하는 것을 할 수 있다"라는 자신감을 획득하는 것이다. 즉 수줍음 그 자체를 없애는 게 아니다. 수줍음에도 불구하고 자신이 원하는 일을 끝내는 과정에서 "힘들었지만 견딜 만하더라"라는 체험을 쌓아 나가는 것이 핵심이다. 그리고 무엇보다 더 중요한 건, 낯선 상황에서 남들보다 조금 더 긴장하는 자기 자신을 있는 그대로 받아들이고 아껴줘야 한다는 깨달음을 얻는 것이다.

분노와 우울 뒤에 가려진 '핵심 감정' 받아들이기

상상조차 할 수 없던 사고로 배우자를 여읜 여성이 찾

아왔다. 계절이 한 번, 두 번 바뀌어 가는데도 슬픔의 무게는 줄지 않았다. 이제는 살아갈 기운마저 잃어 가고 있었다. 충격과 슬픔에 압도되어 있어서 그녀가 겪은 일을 세세히 묻지 않았다. 직접 듣지는 못했어도 그녀에게 닥친 불행을 신문 기사로 얼마간 알고는 있었다. 하지만 그녀에게 묻지 않은 이유는 따로 있었다. 내게는 팩트를 아는 것보다 슬픔이라는 경험을 함께 느끼는 게 더 중요했기 때문이다.

삶은 예상치 못한 사건을 끊임없이 만들어 낸다. 사건은 이미 일어난 사실, 즉 '팩트'이다. 팩트는 달라지지 않지만 경험은 변한다. 팩트를 어떻게 느끼고 이해하고 해석하는가에 따라 경험은 바뀐다. 팩트는 과거형이고 경험은 현재진행형이다. '충격을 어떻게 극복해 나갈 것인가' 하는 것은 팩트가 어떤 경험으로 치환되느냐에 달렸다. 이런 변화는 개개인의 마음속에서 저절로 일어난다. 타인이 "슬픔에 더 이상 빠져 있지 마세요"라거나 "당신에게는 불행이 찾아왔지만 그걸 계기로 세상은 조금 더 나아질 거예요"라며 경험을 억지로 심어 넣을 순 없다.

그녀는 불안해했고 후회하고 자책했다. 때론 원망하며 분노했다. 하지만 이건 다 이차적 감정이다. 핵심 감정은 슬픔이었다. 슬픔이 다른 모든 감정의 뿌리였다. 그녀가 "앞으로 어떻게 살아가야 할지 모르겠어요"라고 불안을 내비쳤을 때도 슬픔을 감당하지 못해서 불안해한다고 생각했고, 나는 그녀의 슬픔이라는 경험에 함께 머물렀다. "하느님이 내게 어떻게 이럴 수 있죠!"라고 원망해도 슬픔을 받아들이기 힘들어한다고 해석했다. "그러니까요. 어떻게 그럴 수 있습니까?"라고 같이 분노하는 것은 애도가 아니다. 애도는 슬픔을 함께 느끼며 슬픔에 함께 머무르는 일이다. 슬픔은 슬픔이어야 한다. 후회하고 자책해도 슬픔은 남는다. 원망해도 슬픔은 그대로다. 분노가 슬픔을 대신할 수 없다.

분노와 연민, 절망과 희망, 미움과 사랑이 마음속에서 끊임없이 힘을 겨룬다. 좋은 감정, 견디기 힘든 감정이 얽혀 있다. 여러 감정들이 다투다가 어느 하나가 우세해지고 그러다가 사그라든다. 모순된 감정이 공존하며 대립하는 것 자체가 정상이다. 울 수 있어야 진심으로 웃을 수 있다. 슬퍼하기를 두려워하면 행복할 수 없다.

11

"신종 우울증입니다"
우울증일까 성격일까 게으름일까, 그 어디쯤

그들의 감정은 슬프기보다는 '흐릿한' 느낌에 더 가깝다.

"이것도 싫고 저것도 싫어요,
그냥 아무것도 하기 싫어요"

한 어머니가 진료실을 찾아왔다. 대학에 입학한 후로 학교 수업만 간신히 듣고 나머지 시간엔 자기 방에서 나오질 않으려 하는 아들 때문에 걱정이라고 했다. 정작 와야 할 아들은 오지 않고 어머니가 지푸라기라도 잡는 심정으로 대신 온 것이다.

한 번도 본 적 없는 사람의 마음을 평범한 정신과 의사에 불과한 내가 신들린 점쟁이처럼 알 리 없는데도 어머니는 물었다. "도대체 우리 아들은 어떤 심리 상태인가요?" 당사자가 하는 말을 간접적으로나마 먼저 듣고 싶어서 "아들은 자신의 상황에 대해 어떻게 설명하던가요?"라고 어머니께 되물었다. "기운이 없어 꼼짝 못 하겠다. 의욕이 생겨야 움직일 거 아니냐"라며 아들이 짜증을 내니 말을 걸기도 겁이 난다고 했다. 어머니는 아들이 대학에 들어갔지만 공부가 싫고 습성이 게을러서 그런 게 아닐까 하는 의심이 들었지만 괜히 이런 말을 꺼냈다가는 부모가 자기 마음도 몰라준다고 아들이 화를 낼까 봐 속으로만 전전긍긍한다고 했다.

만성적인 의욕 저하의 원인은 다양하고 복잡하다. 정신과 의사 입장에서는 우울증인지 아닌지를 판단하는 게 먼저다. 의욕과 흥미가 사라지는 건 우울증의 주 증상이기 때문이다. 불안장애도 무기력을 일으킨다. 불안이 반복되면 겁을 먹고 안전한 곳에만 있으려고 하는 회피 심리가 생긴다. 오랫동안 불안에 시달리면 "두려워서 아무것도 할 수 없다"라며 꼼짝하지 않으려 한다.

"어릴 때부터 부모님이 공부하는 것, 노는 것, 심지어 친구 사귀는 것까지 간섭해서 어른이 되어서도 스스로 결정하고 행동할 수가 없어요"라고 푸념하면서 "내가 기운을 내서 무언가를 시도해 봤자 부모님이 반대할 게 뻔하니까 아예 시작도 안 하는 거예요"라며 힘 빠진 목소리로 고백하는 청년도 있다. 과거의 트라우마 때문에 자존감과 용기를 잃어서 세상에 뛰어들지 못하겠다는 이도 적지 않다. 코로나바이러스 팬데믹으로 인한 사회적 거리 두기 때문에 타인과 어울리는 법을 익히지 못하고 혼자 지내는 데 익숙해진 것도 간과해선 안 될 원인이다.

질환이나 심리 탓이 아닌 아주 단순한 이유도 있다. 스마트폰으로 밤새도록 유튜브 영상을 돌려 보는 일상이 반복되면 기운이 빠질 수밖에 없다. 운동을 게을리하고 체력이 약해진 것도 의욕 저하의 주요 원인 중 하나다. 배달 음식으로 끼니를 때우고 밤마다 술 마시고 잠드는 생활습관에서 비롯된 피로도 의욕 저하의 주범이다. 신체적 활기를 잃으면 심리적 활기도 사라진다.

끊임없이 남과 비교하게 만드는 SNS 문화도 사태를 악화시킨다. 자기과시와 맹목적 물질주의가 판치는 SNS 세상에 빠져 있다 보면 타인과의 비교로 좌절감에 빠지는 일상이 반복되고 우울과 분노가 커진다. 카페인(카카오스토리, 페이스북, 인스타그램) 우울증이라는 말이 괜히 나온 게 아니다.

목표와 취미의 부재도 원인으로 빼놓을 수 없다. "내가 진짜 좋아하는 걸 찾지 못했어요. 무엇을 위해 살아야 할지 모르겠어요"라는 한탄을 입에 달고 사는 사람에게 의욕이 생길 리 없다. 남이 시키는 공부만 좇아서 하다가 스스로 결정하고 실행하는 경험을 쌓지 못한 채 성인이 되고 보니 무엇을 향해 살아가야 할지 몰라 털썩 주저앉고 만 것이다.

열정으로 가득해야 할 청년들은 높은 집값, 치열한 경쟁, 광범위한 초과 근무, 빠른 변화에 직면해 있다. 스트레스에 짓눌린 젊은이들은 욕망을 좇는 대신 평온과 안락을 추구하는 것으로 삶의 목표를 바꾼다. 물질만능주의 사회에서 남들과 경쟁하거나 사회적 지위를 추구해야 한다는 압박에서 스스로 벗어난다. 청년 무기력은 현대 사회에 만연한 스트레스에 대한 저항일지도 모른다.

고용 시장은 엄청나게 경쟁적이다. 통계청 자료에 따르면 2023년 15~29세 청년층 실업률은 5.9퍼센트에 달했다. 높은 실업률은 노동 시장에서 더 낮은 임금을 받아들일 수밖에 없게 만든다. 부지런히 일해도 치솟는 집값을 따라잡기란 불가능하다. 경제적 부담은 젊은이들로 하여금 전통적인 삶의 궤적을 고수할 필요성에 의문을 갖게 만든다.

결혼을 한다는 것은 여러 가지 의미가 있으나 남편과 아내 두 사람이 공유할 장소를, 그들의 친밀한 관계 안으로 받아들이고 싶은 사람들을 초대할 수 있는 장소를 선택하는 일이기도 하다. 부지런히 일해도 내가 사는 도시에서 내 집을 소유할 수 있다는 믿음이 사라진 세상은 사랑이 사라진 세계나 마찬가지다. 이런 공간이 없고, 앞으로도 이런 공간을 가질 수 있다는 희망마저 사라지면 친밀한 관계 맺기를 포기하게 된다. 세계에서 가장 낮은 출산율이 그 결과다.

경기 침체기에는 부부 싸움도 늘어난다. 실직자와 그의 배우자를 관찰한 결과, 재정 압박이 생기면 부부 모두 더 우울해지는 것으로 나타났다. 우울해졌을 뿐 아니라 서로 화내고 비난하는 일도 잦아졌다.[25] 1만 4,500명을 대상으로 실직이 가정 폭력에 미치는 영향을 연구했더니 실직 전에는 그렇지 않던 사람이 흉기 사용, 배우자나 자녀 구타

와 같은 행동을 보일 위험이 6배로 높아졌다.[26]

세계 최고 수준의 의학 저널 〈란셋〉에 실직이 자살에 미치는 영향을 밝혀낸 연구 결과가 실렸다.[27] 63개 국가를 대상으로 경제 상황과 자살률 자료를 분석했더니 실직으로 인한 자살이 연간 4만 5,000명에 이르는 것으로 나타났다. 지난 2000년에서 2011년 사이에 전 세계적으로 자살 위험도를 실직이 20~30퍼센트 끌어올렸다고 한다. 금융 위기가 있었던 2008년 전후의 데이터를 보면 2007년에는 실직에 의한 자살이 4만 1,148명이었는데 2009년에는 그 수치가 4만 6,131명으로 늘었다. 2008년의 경제 위기가 4,983명의 목숨을 더 빼앗아 간 것이다.

스스로 지쳤다고 말하는 청년들

청년들의 불안은 위험 수위를 넘어섰다. 20대 불안장애 환자는 2017~2021년 5만 9,080명에서 2022년 기준 11만 351명으로 86.8퍼센트 늘었다. 2023년 3월 국무조정실 조사 결과를 보면 만 19~34세 청년 중 은둔형 외톨이가 24만

명에 이른다. 2022년 구직 활동을 하지 않은 청년(15~29세)은 39만 명으로 5년 전(29만 9,000명)보다 30퍼센트 늘었다. 20대 이하의 은행 연체율(0.44퍼센트)도 역대 최고다. 50대(0.2퍼센트)와 60대 이상(0.21퍼센트)의 배가 넘는다.

2014년과 2015년 학기에 캠브리지, 옥스퍼드 등이 포함된 이른바 영국의 아이비리그라고 불리는 러셀 그룹에 속한 24개 대학교 재학생을 조사했더니 우울증과 불안증으로 상담받은 사례가 4만 3,000명이었다.[28]. 2011년, 2012년 학기 동안 3만 4,000명이었던 것에 비하면 28퍼센트나 많아졌다. 에딘버러 대학교에서는 같은 기간 이 수치가 75퍼센트나 급증했다. 카디프 대학교의 경우 72퍼센트, 옥스퍼드 대학교에서도 43퍼센트나 늘었다.

이런 현상의 원인에 대해 영국의 일간지 〈더 가디언〉은 "Tuition fees have led to surge in students seeking counselling"라는 제목 아래 등록금 부담이 커졌기 때문이라고 분석했다. 등록금이 9,000파운드(약 1,518만 2,190원)를 넘어서자 상담이 급증하기 시작했다는 것이다. 늘어난 학비, 학자금 대출로 인한 빚, 취업 불확실성 등이 대학생들을 상담실로 몰려가게 만들었다고 했다.

영국 대학생 중 78퍼센트가 정신건강 문제를 경험하고 있다고 한다. 영국에서 조사된 바에 따르면 10명 중 4명의 청년이 스스로 지쳤다고 답했다.[29] 여자의 38퍼센트, 남자의 29퍼센트가 자신의 정신건강이 스스로 생각해도 걱정이 된다고 했다.

우리나라 대학생 역시 열 명 가운데 절반이 우울 증상을 갖고 있다. 자살을 생각해 본 대학생도 열 명 중 세 명이다. 우리나라 대학들도 교내에 상담 센터를 운영하는 곳이 늘었다. 정신과 의사가 교내에 상주하며 진료하는 곳도 있다. 하지만 상담사나 정신과 의사를 대학 내에 둔다고 해결될 문제가 아니다.

좋아하는 일을 하거나 놀 때는 증상이 없다가 책임이 주어지면 무기력증이 도지는 사례를 두고 일본의 정신과 의사 오카다 다카시는 그의 책 《선생님, 저 우울증인가요?》에서 '신종 우울증'이라고 명명했다. 비슷한 사례를 두고 일본에서는 '도피형 우울', '현대형 우울증', '미숙형 우울증'이라 부르기도 한다. 청년층에서 이런 사례가 흔한 것으로 알려졌다.

겉으로 드러나는 양상을 관찰하면 신종 우울증 환자는 그리 심각해 보이지 않는다. 그런데도 "집중이 안 돼서 공부를 못하겠다. 머리가 멍해서 일을 할 수가 없다"라며 괴로워한다. 심한 우울증 환자처럼 표정이 굳고 행동이 느려지지 않았는데도 "무기력해서 아무것도 할 수 없다"라고 호소한다. 가족에게 환자가 집에서 어떻게 지내냐고 물어보면 "방에서 게임하고 노트북으로 영화 보면서 낄낄댈 때는 멀쩡해 보여서 방 정리도 좀 하고 집안일도 도우라고 하면 의욕이 없어서 괴로운데 자기를 더 힘들게 만든다며 화를 낸다"라고 했다.

신종 우울증 환자는 뚜렷한 괴로움을 얘기하기보다는 막연하게 "피곤하다, 집중이 안 된다. 생각이 잘 안 된다"라고 호소한다. 그들의 감정은 슬프기보다는 '흐릿한' 느낌에 더 가깝다. 전형적인 우울증은 밤에 잠이 오지 않아 힘들다고 하는데, 신종 우울증 환자는 스마트폰을 보면서 잠을 자지 않으려고 하는 양상을 보인다. 전형적인 우울증은 아침에 일찍 눈이 떠지고 이내 불안감이 치밀어 오르는 반면, 신종 우울증은 잠에서 깨도 이불 속에서 멍하니 누워 있고 싶어 한다. 식욕이 저하되기보다는 밤에 고칼로리 음식을 혼자 먹는다. 성격인지 병인지 쉽게 구분이 가지 않는다.

타인에게 책임을 전가하며 자기 위주로 생각하는 경향을 보이는 것 또한 특징이다. 사회로부터 도망가려는 태도도 엿보인다. 진짜 병이 맞나 의심이 들기도 한다. 우울증인지 게으름인지 구분되지 않아 의사와 환자 가족 모두 애를 먹는다.

약제에 대한 치료 반응도 주요 우울장애와는 다르게 나타난다. "무기력해서 힘들어요. 약이라도 먹고 좋아지고 싶어요"라고 했던 환자가 막상 항우울제를 처방해 줘도 제대로 챙겨 먹지 않는 사례가 흔하다. 예약된 진료 시간에 아무 연락 없이 나타나지 않았다가 나중에 힘들다며 불쑥 찾아오기도 한다. 어떻게든 도와주고 싶어 "힘들어도 밤에 제때 잠들고 낮에는 몸을 움직여야 좋아질 수 있어요"라고 조언하면 "나를 위로하고 공감해 주지 않고 왜 더 힘들게 압박하느냐"라며 힐난조로 대꾸한다.

신종 우울증은 공식적인 진단이 아니다. 임상 연구를 통해 그 실체가 명확히 규명된 질환도 아니다. 그렇지만 앞에서 기술한 양상을 보이며 상담실을 찾는 환자가 점점 늘고 있다는 것만큼은 임상 현장 전문가라면 누구나 실감할 것이다. 전형적인 우울증처럼 치료해서는 효과를 얻기 힘들다는 점에 대해서도 같은 인식을 갖고 있을 것이다.

평소에 일면식도 없었고 자신의 삶에 대해 알지 못하는 심리학자나 정신과 의사와 상담실에 마주 앉아 이야기를 나눈다고 해서 눈앞의 경제 문제, 취업 문제가 사라지는 것은 아니다. 그렇게 위로라도 받겠다면 할 말은 없다.

하지만 등록금으로 학생들의 스트레스만 잔뜩 끌어올려놓고, 그런 뒤에 학생들의 정신건강을 지원하겠다고 나서는 것은 어불성설이 아닌가 싶다. 교내 상담이 무료라고는 하지만 정신건강 전문가가 공짜로 일하는 법은 없다. 기부천사가 산타클로스처럼 돈을 야밤에 대학에 던져 놓고 갔다면 다행이지만 그렇지 않다면 상담 비용도 등록금에서 나오지 않았을까 생각한다.

사회문화가 변해야 신종 우울증도 사라지지 않을까. 당장 즐겁고 기분 좋게 만드는 것이 삶에서 제일 중요한 것인 양 떠들어대는 대중문화와 인플루언서들, 한 방의 투기로 손쉽게 돈을 벌어들이는 사회지도층이 신종 우울증을 일으키는 전파자가 아닌가, 하는 의심을 지울 수가 없다.

고통을 감내하고 좌절을 견딘 후에야 인생의 참맛을 느낄 수 있다는 걸 가르쳐 주는 인생 선배가 꼰대라고 손가락질 받는 사회라면 신종 우울증도 창궐할 수밖에 없을 것이다.

후회하더라도 같은 말을 반복할 수밖에 없는 이유

의사 면허를 딴 직후 대학병원에서 인턴 생활을 하며 일 년을 보냈다. 밀레니엄이 시작되기도 전이다. 그때를 돌아보면 잊히지 않는 일화가 있다.

당시 대학병원 인턴이 가장 많이 하는 일 중 하나는 필름 찾기였다. 진단과 치료 목적으로 찍은 환자들의 엑스레이, 시티, 엠알아이 영상이 디지털이 아닌 필름으로 인화되던 시절이었다. 큰 대학병원일수록 영상의학 자료를 물리적으로 방대하게 보유하고 있었다. 내가 근무하던 곳에서도 지하의 광대한 공간과 병원 건물 곳곳에 필름들이 보관되어 있었다.

외래 진료와 수술, 때로는 연구에 필요한 필름을 보관소에서 하나하나 찾아내어 적시에 필요한 장소에 준비해 두는 것은 인턴의 필수 업무였다. 물론 이것으로 인턴 성적을 매기진 않았지만 그럼에도 이 일을 잘 수행할수록 인턴의 실력이 높게 평가되었다. 빠르고 정확하게 필름을 찾아 진료실과 수술방에 비치해 두는 것은 환자를 치료하는 데에 필수적인 일이기 때문이다.

나름대로 최선을 다했지만 나는 이 업무에 능숙하지 못했다. 지금도 기억난다. 갑자기 수술방에서 필요한 환자 필름이 있으니 찾아오라는 메시지를 보내왔다. 하던 일을 멈추고 병원 지하로 뛰어 내려갔는데 아무리 찾아도 지시받은 필름을 찾을 수가 없었다. 한참이나 시간을 지체한 후에야 필름을 찾아들고 수술방으로 뛰어갔다.

그 뒤 나는 사람이 잘 다니지 않는 구석진 계단에 혼자 앉아 울었다. 인턴 생활이 힘들기도 했지만 서럽고 화가 났기 때문이기도 했다. 의과대학에서 공부하고 의사 면허를 따느라 청춘을 다 보냈는데 고작 필름 찾는 일이나 해야 하는 건가, 하는 생각이 들었다. 일은 여기서 끝나지 않았다. 의과대학 선배는 당시 수석 레지던트였는데 당직실로 나를 호출했고 아니나 다를까, 일을 제대로 하지 못했다고 질책을 했다. "요즘 인턴들 근무 환경이 편해져서 강하게 단련이 안 되는 것 같아!"라는 훈계도 들었다.

식상한 말이지만 시간은 참 빨리 흐른다. 환자 필름도 제 대로 못 찾는다고 꾸중 듣던 내가 사회생활을 갓 시작한 청춘들에게 이렇게 훈계 아닌 훈계를 하고 있으니 말이다.

6개월 근무한 직장을 그만둘 거라는 20대 내담자가 있 었다. 이유를 물으니 "단순 업무나 하면서 내 소중한 시간 을 쓰고 싶지 않아요"라는 답이 돌아왔다. 하찮아 보이는 일이라도 그걸 꾸준히 해낸다는 건 다른 업무도 성실하게 잘 해내는 사람이라는 징표를 얻는 것이니 최소한 일 년은 버텨 보라고 조언했다. 그녀는 뚱한 표정을 지으며 아무런 대꾸도 하지 않았다. 아마도 "그래요. 당신이라면 무슨 일 이든 할 수 있으니 진정으로 원하는 일을 하세요"라고 내 가 응원해 줄 거라 기대한 모양이었다.

그녀가 진료실을 나간 뒤에 내가 얼마나 부족한 정신과 의사인가, 하고 반성했다. 기성세대의 훈계나 듣자고 상담 하러 온 게 아닐 텐데 어쭙잖은 조언으로 그녀의 기분을 더 우울하게 만들었으니 말이다. 무엇보다 그녀는 지금 하 는 일의 하찮음 때문에 힘든 것이 아니라 무슨 일이든 열심히 하면 언젠간 자신의 잠재력을 펼칠 수 있는 일이 주어질 거란 기대가 없기 때문에 괴로웠던 것인데 그 심리를 내가 제대로 읽어 주지 못한 것이다.

다음에 그녀가 다시 찾아오면 과연 나는 다른 조언을 할까. 지금 하는 일을 그만두고 능력에 걸맞은 일을 찾으라고 말할 수 있을까. 아마 그렇게 못할 것 같다. 훈계처럼 들려서 기분을 상하게 할 테지만 그래도 어떻게든 조금만 더 버텨 보라는 똑같은 조언을 할 것이다. 그러고 나서 나는 '괜한 말 말고 응원이나 해줄걸' 하고 또다시 후회하지 않을까 싶다.

12

평범한 사람은 화가 난다고 해서
사람을 공격하지 않는다

사람과 사회를 향한 선한 믿음이 사라진 세상에는
분노가 역병처럼 퍼질 수밖에 없다.

너무 흔해져 버린 말, 분노조절장애

끔찍한 사건이 벌어졌다. 뉴스에서 연일 공포를 다룬다. 내재한 분노를 참지 못해 범행을 저지르는 사건이 끊이지 않고 있다. 이런 잔혹한 범죄를 저지르는 것은 분노의 정도가 크냐 아니냐로 단순하게 설명될 수 없다. 범죄는 범죄일 뿐이다. 자신에게 어떤 해도 가하지 않은 무고한 타인을 살해하는 것을 두고 '그 사람이 사이코패스이기 때문에'라는 식으로 설명해선 안 된다. 은둔형 외톨이였다, 반복된 좌절 경험이 범죄자에게 있었다 등으로 심리적 해석을 하는 것은 더더욱 안 된다. 이건 도덕과 윤리의 결여이고, 잔혹한 범죄행위일 따름이다.

욱하는 성격을 가진 사람들이 우발적으로 범행을 저지르는 건 아닌가, 하고 묻기도 한다. 아니다. 성격이 급하거나 욱하는 것과는 아무런 관련이 없다. 감정 조절에 문제가 있다고 해서 그것이 범죄의 원인이 될 수는 없다.

대다수의 선량한 시민은 화가 난다는 이유로 삼단봉을 펼쳐 들거나 외투 속에 칼을 품고 다니다가 휘두르지 않는다. 정당하게 분노를 느낄 만한 일조차 목소리 높여 화를 내고 나면 오히려 '조금만 더 참을걸. 괜히 소리 질렀나 봐' 하고 후회한다. 마음 약한 사람은 '내가 뭔가 잘못한 것도 있지 않았을까?'라며 자신을 돌아보고 좀 더 참지 못한 내 잘못이다, 하고 자책한다. 이게 보통 사람의 마음이다.

사람들 마음에는 선한 마음과 선한 의도가 더 크게 자리하고 있다. 자기 행동 때문에 다른 사람이 고통받을 것으로 예상되면 죄책감을 느끼고, 자기 행동을 억제하고 스스로 조절한다. 잔혹한 범죄자와는 근본적으로 다르다.

범죄자를 단순히 분노 조절의 문제로 환원해서는 안 된다. 유행병처럼 사람들 입에 오르내리는 분노조절장애는 사실 공식 진단 용어가 아니다. 간헐적 폭발장애intermittent explosive disorder가 정확한 진단 명칭이다. 분노 폭발이 자기 의사와 상관 없이 발작적으로 일어나고, 이것이 반복될 경우 간헐적 폭발장애라고 진단할 수 있다. 특히 충동적이고 폭력적인 행동이 자신과 타인에 피해를 입힐 정도라면 이 진단을 고려하게 된다.

그런데 간헐적 폭발장애는 실체가 명확하지 않은 병이다. 어떤 사람이 화가 날 때마다 주변 사람에게 주먹을 휘두른다고 해서 간헐적 폭발장애라고 바로 진단하지 않는다. 무엇보다 간헐적 폭발장애가 법적인 문제에 대한 면책 사유로 악용될 소지는 없는지, 이 점을 세밀하게 따지는 것이 중요하다.

돈 때문에 가족을 살해하고, 치정에 얽혀 불을 지르고, 잘 알지도 못하는 사람이 눈에 거슬린다고 야구방망이를 휘두르는 식의 행동은 분노조절장애 때문이 아니다. 그저 범죄일 뿐이다. 죄책감마저 느끼지 않는다면 윤리와 도덕의 결여이지 정신장애에서 원인을 찾아서는 안 된다. 면책의 사유가 될 수 없음은 두말할 나위도 없다.

뉴스에서는 충격적인 폭력 사건이 일어날 때마다 분노조절장애를 습관처럼 연결 짓는다. 범죄자가 실제로 분노

조절장애(정확히는 간헐적 폭발장애)를 앓고 있기 때문일까? 그렇지 않다. 그럴 가능성은 매우 희박하다. 그럼에도 불구하고 분노조절장애라는 말이 왜 이렇게 널리 퍼지게 되었을까. 아마도 이 시대를 살아가는 사람들의 마음속에 '분노'라는 단어가 던지는 반향이 크기 때문일 것이다.

왜 이렇게 분노형 범죄가 늘어나는 걸까. 사람이 분노를 느끼는 이유는 크게 세 가지다. 첫째는 자존감의 상처다. 다른 사람이 나를 존중하지 않는다, 나를 무시한다는 느낌을 받았을 때다. 둘째는 자신의 고유한 권리와 영역이 침해당했다고 느끼면 사람들은 분노를 느끼게 된다. 자기 권한을 지키라는 메시지가 분노로 나타나는 것이다. 셋째는 사회적 이슈와 관련한 문제인데, 나와 다른 사람이 공정하지 않게 대우받고 있다고 인식하는 것이다. 개인의 가치가 쉽게 훼손되고 공정하지 않은 사회에서 살고 있다고 인식하면, 사소한 문제에도 쉽게 화가 나고 자기 권리를 지키기 위해 과민한 반응을 보일 수밖에 없다.

술만 마시면 폭력을 휘두르는 남편과 이혼하지 않고 '자식을 위해 참고 살아야지' 하며 자신을 주저앉히는 여성,

상사가 폭언을 쏟아내도 '회사에서 잘리지 않으려면 참아야지'라며 모멸감을 억누르는 직장인, 고객이 막말을 해도 '괜히 말대꾸했다가 더 큰 문제가 생기면 곤란해' 하며 분을 누르고 웃음을 날리는 감정노동자가 우리 사회에 얼마나 많은가!

어렵게 대학에 입학해 비싼 등록금 벌려고 밤잠 줄여가며 아르바이트하고 스펙까지 쌓아 졸업했는데 취직하기가 하늘의 별 따기라면 어떨까. 시키는 대로 열심히 일했는데 어느 날 갑자기 회사 사정이 좋지 않으니 나가라는 통보를 받고 실업자가 된다면 어떨까. 때마다 꼬박꼬박 세금 내며 살았는데 재난이 생겨도 보호받지 못하는 사회에 살고 있다고 느낀다면 어떨까. 이런 일을 겪을 때마다 우리 마음에는 금이 가고, 금이 난 그곳에서 분노라는 감정이 자라날 수밖에 없지 않을까.

언제부터인가 우리는 타인의 사소한 무례도 지나치지 못하게 되었다. 조금만 손해를 보는 듯하면 고함이라도 질러 내 몫을 찾아야 한다고 믿게 되었다. 참으면 손해 본다, 내가 당한다는 믿음이 전염병처럼 퍼졌다.

게다가 분노 중독이라 할 만큼 사소한 자극에도 쉽게

화를 내게 되었다. 다른 사람에게 분노를 표현하면 일시적으로 감정이 해소되고 타인을 지배하는 듯한 느낌이 드는데, 이것이 습관화되면 좌절감이나 무력감을 느낄 때마다 분노로 해결하려 들게 된다. 스트레스를 받을 때마다 자기도 모르게 화를 내어 해소하려는 습관에 젖어 들게 된다.

피로한 사회, 신뢰가 사라진 세상에서 일어나는 일

도대체 어디서부터 잘못된 것일까? 근본 원인은 두 가지다.

첫째, 우리 모두 지쳐 있기 때문이다. 재독 철학자 한병철 교수의 말처럼 우리가 '피로 사회'에 살고 있기 때문이다. 하루 종일 직장에서 시달린 맞벌이 부부는 퇴근해서 부부싸움을 할 가능성이 크다. 막무가내 상사의 폭언을 듣고도 꾹 참고 짜증 나는 고객을 웃으며 응대했지만 집에서는 별것 아닌 일로 가족에게 신경질을 부린 경험이 누구에게나 있을 것이다. 이건 일에 너무 많은 에너지를 소진해 버려서 정서를 조절하는 능력에 문제가 생겼기 때문이다.

이런 현상이 자아 고갈이다.

경쟁과 성과, 돈과 효율을 강요당하다 보니 우리는 쉽게, 그것도 자주 자아 고갈에 빠진다. 자아가 고갈되면 자기 조절력이 저하되고 화를 억제하거나 충동을 미루기 힘들어진다. 사소한 자극에도 예민하게 반응하게 되고, 즉각적으로 욕구가 충족되지 않으면 쉽게 분노가 일어나는데 그것을 억제하는 힘은 저하되어 외부로 강하게 표출되고 만다.

누구나 실수를 한다. 의도치 않게 잘못을 저지르기도 한다. 이상과 달리 현실은 완전하게 공평할 수 없다. 우리는 누구나 이 사실을 잘 안다. 그래서 타인의 조그만 실수쯤은 눈감고 지나간다. 억울한 일을 당해도 '피치 못할 사정이 있어서 그랬겠지. 다음에는 나아지겠지'라며 이해하고 용서한다.

하지만 신뢰가 사라진 세상에서는 그렇게 되지 않는다. 이것이 두 번째 원인이다. '이 사람이 나를 골탕 먹이려고 이러는 거 아닌가' 싶어 타인의 의도를 나쁘게 해석한다. '나만 이렇게 당하고 사는 게 아닌가' 하며 세상을 의심하게 된다. 믿었다가 배신당한 경험이 쌓여가면서 '나 이외에는 아무도 믿어서는 안 돼'라는 생각이 확고해진다. 이런 생각이 세상에 퍼지면 분노를 느낄 일도 많아지고 '내 것을 지키기 위해서는 반드시 화를 내야 한다'라는 생각이 굳어진다. 사람과 사회를 향한 선한 믿음이 사라진 세상에는 분노가 역병처럼 퍼질 수밖에 없다.

일반인들이 느끼는 통상 수준의 화나 분노는 심리적인 이해가 필요하다. 직장 생활, 인간관계에서 우리가 분노를 느끼는 것은 자연스러운 일이다. 몸이 다치면 통증을 느끼는 것처럼 마음을 다치면 분노를 느낀다. 누군가 자신을 무시하거나, 모욕하거나, 부당하게 대우하면 분노를 느끼게 된다. 그런데 분노 속에 자신의 심리적 문제가 녹아 있다면 부적절하게 또는 과도하게 화를 낼 수도 있다.

불안감을 많이 느끼는 사람일수록 분노로 자기 자신을 보호하려고 한다. 자기 자신과 상대에 대해 과도한 기대를 갖고 있으면 실망할 일도 많이 생기고 그래서 화를 느낄 일도 많아진다. 완벽주의적이고 조그만 흠결도 견디지 못하는 사람은 뜻대로 되지 않는 일이 생길 때마다 분노를 느낄 가능성이 크다.

분노 조절에 어려움이 있는 사람은 별 의미 없는 말이나 행동에도 자신을 무시했다며 감정적으로 대응하는 모습을 보인다. 자존감의 파동도 크다. 겉으로는 자신이 대단한 사람인 양 말하지만, 내면적으로는 낮은 자존감의 문제를 가지고 있다. 자기 자신에 대한 평가가 불안정하기 때문에 다른 사람들이 하는 사소한 말, 행동에 예민하게 반응하는 경우가 많다.

평소보다 더 예민하고 짜증이 나는가? 별것 아닌 일에 욱하게 되는가? 어떤 사람이 필요 이상으로 당신을 열받게 한다고 느껴지는가? 만약 그렇다면 자아 고갈을 의심해 봐야 한다. 속으로 참고 사느라 탈진한 것은 아닌가, 하고 자기 자신을 되짚어 봐야 한다.

화를 조절하기 어려운 것은 뇌가 피로에 빠졌다는 신호일 수 있다. 이럴 때 '더 참아야 해, 더 열심히 해야 해, 더 잘해야 해'라며 자신을 더 쥐어짜려 해서는 안 된다. 자기를 돌아보고 다독여야 한다. 좋은 밥을 먹고 충분히 쉬어야 한다. 자신에게 심심함을 허락해야 한다.

화가 날 때는 자신의 심리적, 신체적 반응에 주의를 기울이는 것이 가장 먼저다. 우리는 저마다 감정에 대한 독

특한 육체적 경험과 정신적 반응을 갖고 있다. 어떤 사람은 얼굴이 빨개지고, 어떤 사람은 숨이 가빠지고, 어떤 사람은 가슴이 답답해지고, 어떤 사람은 목소리가 높아진다. 분노와 관련한 신체 반응이 나올 때마다 '아, 내가 화가 났구나. 조절하기 힘들 수도 있겠구나' 하고 알아차리는 것이 중요하다.

화가 나는 상황에서 어떻게 할지, 자기 나름의 대처 방식 한 가지를 미리 정해 둔다. 무조건 자리를 피한다든지, 냉수를 한 잔 끝까지 마신다든지 하는 식으로 말이다. 조절하기 힘든 분노가 일어났을 때는 어떻게 대처할지 미리 준비해서 자동적으로 그것을 행동할 수 있을 정도로 연습한다.

가장 좋은 대처법 중 하나는 호흡을 조절하는 것이다. 화가 느껴지면 깊은숨을 쉬려고 노력합니다. 일단 숨을 천천히 들이마신다. 그리고 숨을 길게 내쉰다. 들이마신 것보다 조금 더 길게 숨을 내쉰다. 숨을 천천히, 그리고 깊고 고르게 들이마시고, 그것보다는 조금 더 길게 내쉬기를 여러 차례 반복한다. 마음속으로 공기가 코와 입을 통해서 폐까지 들어가는 과정의 느낌에 집중한다. 이렇게 하다 보면, 부교감 신경계가 활성화되어 긴장이 풀리면서 화가 줄어들고 안정을 되찾게 된다.

또 다른 방법은 '분노를 언어화하는 것'이다. 쉽게 할 수 있는 팁은 "~구나" 테크닉이다. "에잇, 기분 나빠"가 아니라 "내가 지금 기분이 나쁘구나~"라고 화나는 감정에 "~구나"라는 말을 붙여 언어화하는 것이다. "저 자식 때문에 성질이 나"가 아니라, "내가 저 친구 때문에 화를 내고 있구나~"처럼 말이다. "아이, 짜증 나!"가 아니라, "내가 지금 짜증을 느끼고 있구나~" 하는 것이다.

이렇게 마음속의 감정에 '~구나' 하고 이름을 붙이면 자아가 감정에 융합되지 않고, 감정을 객관화시켜 바라보게 된다. 감정을 언어화하면 자기 감정을 있는 그대로 받아들이기도 쉽다. 꼭 "~구나"가 아니더라도 "분노, 분노, 분노……"라든지 "짜증, 짜증, 짜증……" 이렇게 반복적으로 감정을 언어로 변환하여 속으로 읊조리다 보면 감정을 있는 그대로 받아들이기가 수월해진다.

감정을 객관화할 수 있으면 이를 억지로 없애거나 속이려 하지 않아도 되니 감정을 다루기가 쉬워진다. 감정에 이리저리 끌려다니지 않게 되면 정서적 여유도 생긴다. 그때 스스로에게 묻는다. "지금 나에게 가장 중요한 일은 무엇인가? 당장 해결해야 하고 처리해야 하는 일이 무엇인가?" 하고 말이다. 답을 찾았다면 그 일에 다시 집중해야 한다. "아, 짜증 나서 미치겠어. 어떻게 일을 하지?"가 아니라, "짜증을 느끼고 있지만 지금 당장은 해결해야 할 일에 집중하겠어"라고, 포인트를 감정에서 자신에게 소중한 것으로 옮겨 가려고 노력한다.

이렇게 했음에도 분노를 조절할 수 없다면, 그럴 때는 화내는 것을 잠시 뒤로 미룬다. "5분만 있다가 실컷 화를 내자. 10분 뒤에 고함이라도 한 번 치겠다" 하고 생각하는 것이다. 무조건 화를 참아야 한다고 자신을 억누르면 오히려 화가 더 쌓이지만, 5분 후에 화를 내면 된다고 다독이면 마음이 조금 가벼워진다. 그리고 막상 5분이 흐르고 나면 자연히 화도 어느 정도 진정되어 있다.

현실이 비록 팍팍해 보이더라도 세상에는 선한 마음을 가진 사람들이 훨씬 더 많음을 잊지 말자. 비록 지금의 현실은 허점이 많지만 앞으로 더 나아질 거라는 희망만은 버리지 말자. 누군가를 향해 분노가 피어오를 때마다 마음속에 떠올리자. '그 사람도 누군가의 소중한 아들과 딸'이라는 것을, '그 사람을 사랑하는 아버지와 어머니'가 있다는 것을, 그리고 '우리는 누구나 또 다른 누군가의 소중한 존재'라는 사실을. 너와 내가 그리 다르지 않고, 우리는 모두가 각자 귀한 존재라는 것을 한순간도 잊지 않으려 노력한다면 분노할 일도 그것을 내뱉을 일도 그만큼 줄어들게 될 것이다.

13

파괴적 세상에서는
누구도 자신을 온전히 지킬 수 없다

사회의 불확실성이 압도적으로 커지면
개인이 자기 힘만으로 정신건강을 지킬 수 없게 된다.

인간의 힘으로 어찌할 수 없는 일들에 부딪힐 때

외상후스트레스장애는 트라우마를 겪은 사람에게 나타나는 정신장애다. 2001년 9·11 테러가 발생하고 2~3년이 지난 후에 월드트레이드센터 빌딩1과 빌딩2에서 탈출한 3,271명을 대상으로 조사한 연구 결과를 보면 생존자의 15퍼센트가 외상후스트레스장애에 해당했으며 95.6퍼센트는 한 가지 이상의 외상후스트레스장애 증상을 호소하는 것으로 조사되었다.[30] 4~6년이 흐른 뒤에 9·11 테러에 직접 노출되었던 소방관들을 대상으로 한 연구에서는 22퍼센트가 외상후스트레스장애를 겪고 있었다.[31]

트라우마를 겪은 후에 재경험[reexperience], 회피[avoidance], 과각성hypervigilance 증상이 생기면 외상후스트레스장애라고 진단한다. 사고 관련 기억이 갑자기 떠올라 깜짝 놀라거나 악몽에 시달린다면 재경험 증상이 발생한 것이다. 사고의 기억을 연상시키는 단서가 나타나면 공포가 일어나 이런 상황을 피하려는 행동을 하게 되는데, 이것을 두고 회피 증상이라고 한다. 소음이나 불빛과 같이 사소한 감각 자극에도 깜짝 놀라고, 가슴이 뛰고, 숨이 답답해진다면 과각성 증상이 발생한 것이다.

이것은 누구나 겪을 수 있는 스트레스가 아니라 인간의 힘으로는 어떻게 할 수 없는 압도적인 사건, 사고를 겪은 뒤에 발생하는 질환이다. 이혼하고 실직하는 것도 감당하기 힘든 스트레스지만 이런 사건 정도로는 외상후스트레스장애가 발생하지 않는다. 전쟁이나 테러, 화산 폭발이나 태풍, 강도나 강간 사건처럼 생명에 실질적인 위협을 느낄 수 있는 정도의 사고를 당했을 때의 심리적 외상을 일컬어 트라우마라고 한다.

불안은 통제 불가능성에 대한 인식 때문에 생긴다. 세상은 예측 가능하고 자신에게 일어나는 일을 통제할 수 있다고 믿으면 평온해진다. 통제감을 느낀다는 말이 실제로 환경을 통제할 수 있다는 뜻은 아니다. 주어진 상황에 어떤 반응을 보이느냐 하는 것은 전적으로 자신에게 달렸고 그것에 의해 상황이 달라질 수도 있다는 믿음을 뜻한다.

심리치료의 목표는 주도 사고$^{\text{Agency Thinking}}$를 갖도록 돕는 것이다. 주도 사고란 앞으로 일어날 일을 부분적으로나마 통제할 수 있다는 믿음을 일컫는다. 하지만 세상의 변화가 파괴적일 정도로 극적이면 주도 사고만으로는 정신건강을 지킬 수 없다.

주도 사고는 가벼운 스트레스에는 효과를 발휘하지만 통제 불가능한 세상에서는 제대로 작동하지 않는다. 우리나라 사람들의 스트레스 수준은 높고 행복도는 낮다. OECD 국가 중에서 자살률은 가장 높다. 이런 현상은 한국 사회의 불확실성이 개인이 감당할 수 없는 수준으로 넘어갔다는 것을 의미한다. 마음을 아무리 단단하게 먹으려고 해도 사회의 불확실성이 압도적으로 커지면 개인이 자기 힘만으로 정신건강을 지킬 수 없게 된다. 우울과 불안의 원인을 한 사람의 마음에서만 찾으면 '내가 못나서 그런 거야, 내가 더 노력했어야 해'라며 부적절한 자책감만 키울 뿐이다.

대리 트라우마 : 보는 것만으로도 전염된다

　온 세상을 슬픔에 빠뜨리는 사건이 터지면 진료실의 장면이 달라진다. 한동안 평온했던 기분이 다시 우울해지고, 끔찍한 이미지가 떠올라 잠이 안 오고, 자기 잘못도 아닌데 죄책감에 시달리며, 조문을 다녀온 뒤에 불안증이 악화되고, 익숙했던 길도 공포 때문에 돌아서 간다며 여러 환자들이 호소했다. 사건 소식을 계속 듣지 않으면 자신이 무정한 사람인 것처럼 느껴져 괴로운데도 뉴스를 찾아봤다는 이가 있었다. "텔레비전 보지 마세요. 사진도 보지 마세요. 정 궁금하면 활자로 된 기사를 보세요"라고 조언했더니 그는 뭔가 탐탁지 않은 듯해하며 "미안한 마음이 들어서요. 뭔가 해야 할 것 같은데 어떻게 해야 할지 모르겠어요"라고 했다.

　영원히 돌아올 수 없는 곳으로 먼저 떠난 이들과 그들의 가족을 위해 우리가 해야 할 일이 꼭 눈에 띄는 행동이어야 하는 것은 아니다. "조용히 눈을 감고 돌아가신 분들이 평온히 안식할 수 있도록 기도하면 좋지 않을까요" 정도의 말씀을 드릴 수밖에 없다.

끔찍한 일이 벌어지면 뉴스에는 반복적으로 사고 화면을 내보내고, 목격담을 들려주고, 시민들이 핸드폰으로 찍은 영상까지 내보낸다. 불안장애 환자에게 "그렇게 최악의 상황을 상상하지 마라. 재앙적으로 사고하는 습관을 버려라"라고 말할 수도 없게 되어 버렸다. 상상만 했던 섬뜩한 일들을 뉴스로 직접 볼 수 있게 되었기 때문이다.

온통 자극적인 이미지가 가득한 뉴스를 그저 보는 것만으로도 우리는 불안에 시달릴 수밖에 없다. 아무런 도움이 되지 않은 영상만 무력하게 보고 있어 봤자 정신건강만 나빠진다. 이런 뉴스가 넘쳐나면 정상적인 사람들도 불안증에 시달릴 수밖에 없다. 뉴스를 보지 않는 것은 부끄러운 일이 아니다. 마음을 보호하기 위한 자구책이다.

우울이나 불안 증상이 완쾌되어 한동안 병원에 오지 않던 사람이 "요즘 뉴스 보고 났더니 마음이 심란해서 다시 왔어요"라며 찾아온다. 증상이 악화되었기에 무슨 문제가 있었냐고 물었더니 "하루 종일 우울한 뉴스만 봐서 그런지 마음이 괴로워요"라고 답한다. 텔레비전으로 중계되는 사고 장면이나 유족들의 울부짖는 상황을 목격하면 그것이 자신에게 일어난 것처럼 동일시한다.

직접 겪지 않았더라도 충격적인 사건을 텔레비전으로 목격하는 것만으로도 우리는 충격을 받는다. 마치 트라우마를 직접 겪은 것처럼 반응한다. 이런 현상을 두고 대리 트라우마화라고 부른다. 대리 트라우마화는 트라우마에 대한 이야기를 전해 듣는 것만으로도 일어난다. 응급 구조자, 의사, 간호사, 상담사 등이 경험하는 것으로 알려졌지만, 일반인도 인 사건 사고를 뉴스로 시청하는 것만으로도 대리 트라우마를 겪는다. 심한 경우에는 외상후스트레스장애로 이어진다.[32]

2001년 9·11 테러가 일어났을 때 테러 발생 지역에서 벗어난 곳에 있었고 가족 중에 희생자도 없었지만 텔레비전 뉴스를 통해 사고 장면을 간접 체험한 사람들 중 4퍼센트가 외상후스트레스장애 증상을 경험한 것으로 나타났다.[33] 거울 뉴런이 이런 현상을 매개한다. 타인의 고통을 내 것처럼 느끼는 공감 능력은 거울 뉴런의 활성화 때문이다.[34] 원숭이가 특정 행동을 하는 다른 원숭이를 볼 때 두 원숭이에게서 같이 활성화되는 신경 조직이 있다는 것을 알게 되었고, 그것을 거울 뉴런이라고 명명했다. 감정적인 경험이 나에게서 너에게로, 그리고 우리에게로 확장되는 것도 바로 이 거울 뉴런 때문이다. 고통받는 사람들과 가까이 있을 때 우리는 그들과 똑같은 아픔을 경험하게 된다.

스마트폰으로 실시간으로 비행기 추락 장면, 폭행 사건 영상, 테러리스트의 만행, 자연재해로 집을 잃고 울부짖는 사람들의 모습을 볼 수 있다. 소셜 미디어로 이 영상들은 사람과 사람 사이에 삽시간에 퍼진다. 트라우마 또한 온라인으로 고스란히 전파된다. 가족과 친구, 직장 동료, 심지어 낯선 사람들과도 공포에 대해 이야기를 나눈다. 실제로 일어난 일을 보지도 못했고, 정확히 알지도 못하지만 그저 충격적인 이미지와 느낌을 서로 주고받는 것이다. 우리 몸은 마치 폭행이나 사고를 실제로 겪은 것처럼 반응한다. 그리고 그 정서적 경험은 뇌 속 깊숙이 각인된다.

중요한 것은 대리 트라우마로부터 완전히 자유로운 사람은 없다는 사실이다. 특히 트라우마가 이미지와 영상 형태로 전파될 경우 공포 반응은 더 크다. 그런 경험을 직접 겪은 적이 없는 사람도 심리적 고통을 불러일으키는 언론 보도를 접한 후 대리 트라우마에 시달릴 수 있다. 연구에 따르면 거의 4분의 1의 개인이 폭력적인 미디어 보도를 본 후 외상후스트레스장애 증상을 경험하는 것으로 알려졌

다. 특히 보도를 더 많이 본 사람일수록 그 정도가 더 심한 것으로 나타났다.[35]

일상을 회복하기 위하여

여전히 우리 사회에는 외상후스트레스장애처럼 바이러스의 상흔이 짙게 남아 있지만, 그 안에서 우리는 우리의 정신건강을 돌보아야 한다. 집 밖으로 나와 적극적으로 몸을 움직이자. 탁 트인 공간에서 산책하거나 조깅을 하는 것도 필요하다. 규칙적인 신체 활동으로 생체 리듬을 유지해야 한다.

비활동성이 우울증을 일으킨다. 외부 스트레스가 우울증으로 이어지는 것은 스트레스를 이유로 활동하기를 멈추기 때문이다. 현실이 아무리 힘들어도 몸을 움직이고 감각을 깨우는 활동을 꾸준히 유지해야 우울증을 예방할 수 있다.

부정적 정보에 너무 많이, 너무 자주 노출되지 않도록 하자. 감정은 바이러스만큼이나 쉽게 감염된다. 우리가 매일 접하는 뉴스와 SNS가 공포 경험의 주된 전파 경로다.

보고 있는 뉴스 또는 미디어의 양을 줄인다. 때로는 미디어를 완전히 보지 않는 것도 필요하다. 특히 이른 아침이나 잠자기 직전에는 자극적인 뉴스를 피해야 한다. 마음 건강을 지키려면 적당한 차단과 거리 두기가 필수다.

특히 아이들의 경우 확실한 제한 조치를 해야 한다. 어린이는 불안한 이야기, 이미지 또는 영상에 노출되었을 때 그 자극을 처리하는 능력이 충분히 발달해 있지 않다. 대리 트라우마에 어린이가 노출될 경우 공포와 불안, 공격성, 불면 증상에 취약하다는 뜻이다. 매일 단 5분의 괴로운 뉴스를 보는 것만으로도 미취학 아동들에게 이런 유형의 외상후스트레스장애 증상이 초래될 수 있다.[36]

삶에서 긍정적인 활동(책 읽기, 희망과 기쁨을 주는 대화 나누기 등)을 늘린다. 사랑하는 사람들과 시간을 보내고, 자연에서 시간을 보내고, 예술 활동에 참여하고, 운동을 하는 것도 좋다. 가치 지향적인 활동, 인생에서 가장 중요하다고 여기는 것에 더 많은 시간을 써야 한다. 불행을 느끼게 하는 영상을 눈앞에 계속 틀어 놓은 채 "내 삶이 더 행복해졌으면 좋겠어"라고 외쳐서는 소용이 없다.

14

'살아 있다'는 느낌은
어디에서 오는가

고통을 참는 게 습관이 되면 기쁨도 느낄 수 없다.
자기도 모르게 기쁨을 느끼는 감각까지 차단해 버리기 때문이다.
나중에는 살아 있다는 감각마저 잃어버린다.

'생각'보다 '행동'을 바꾸는 것이 더 쉽다

과한 활동 후에는 회복을 위해 쉬어야 하는 것이 당연하다. 그러나 이 경우를 제외하면 비활동성은 인간 본성과 어울리지 않는다. 모든 생명체에게는 활동하려는 충동이 있다. 삶은 살아 움직일 것을 요구한다. 생명체에 비활동성이란 불가능한 존재 양식이다. 오직 죽은 것만이 비활동적일 수 있다.

"하루에 10분만 산책하세요." 내가 외래 진료를 할 때 자주 하는 말이다. 아무것도 하기 싫다는 우울증 환자도 이 정도의 활동은 일정하게 해주었으면 좋겠다고 바란다. "에너지도 없는데 어떻게 몸을 움직여서 활동하란 말이야"

라고 볼멘소리를 할 수 있다. 하지만 뿌리 깊은 생각을 바꾸는 것보다 행동을 변화시키는 것이 더 쉽다.

생각을 바꾸기 위해서는 복잡한 설명이 필요하다. 그 생각이 왜 잘못되었는지, 어디에서부터 비롯되었는지, 그것을 대신할 수 있는 효과적인 생각이 무엇인지를 숙고해야 한다. 물론 말처럼 쉽지는 않다. 우울한 기분에 휩싸여 있으면 생각의 폭이 좁아진다. 자기에 대한 부정적인 생각만 계속 떠오르고 그것에 집착한다. 심리적인 유연성이 떨어져서 도움이 될 만한 생각은 잘 떠오르지 않는다.

그런데 이 정도의 활동도 힘들다고 하는 환자가 적지 않다. 그러면 나는 "하루 종일 잠옷 바람으로 있지 마시고 집 안에 있더라도 외출복으로 갈아입고 계세요"라고 한다. 이것도 못 하겠다고 하면 아침에 샤워만이라도 해보라고 한다. 이마저 못 하겠다면 "잠자는 시간 외에는 침실에 누워 있지 마시고 소파에 앉아 계세요"라고 한다. 환자들에게 신체 활동 과제를 내주는 것이다. 어떻게 해서든 몸을 움직이고, 활동을 시작할 수 있게끔 시동을 걸기 위해서다.

기분이 나아질 만한 활동을 작은 단위로 잘게 쪼개어 실천해도 된다. 달리기를 좋아했던 사람은 운동화를 새로

구입하거나 예전에 입던 러닝복을 다시 꺼내어 입어 보기만 해도 된다. 러닝하는 사진을 인터넷에서 찾아보기만 해도 좋다. 행동 과제를 작게 나누다 보면 기운이 없어도 한번쯤 시도해 볼 만한 활동을 찾을 수 있다.

아주 작은 것부터 실행하기 : 긍정적 보상 경험의 힘

그런데 '이 정도는 할 수 있겠지'라고 여기며 간단한 과제를 내주어도 받아들이지 않는 환자도 있다. 그들은 이렇게 말한다. "의욕이 생겨야 하지요." 이것이 바로 우울의 악순환에 빠져 있다는 전형적인 신호이다. 의욕이 없더라도 일단 몸을 움직여야 우울증에서 벗어날 수 있다. 저절로 의욕이 생기기를 기다리기만 한다면 우울증은 좋아지지 않는다. 기분이 좋아지거나 기운이 생겨야 활동할 수 있다고 믿고 그렇게 되기 전까지는 아무것도 할 수 없다고 믿는 것을 '기분 의존적 행동 패턴'이라고 하는데, 이것이 반복될수록 우울증에서 벗어나기가 힘들다.

이러한 우울증 환자의 부정적 사고를 교정하는 데 인지

행동치료가 효과가 있다고 알려져 있다. 심리학자 닐 제이콥슨은 이를 확인하기 위한 실험을 진행했다.[37] 우울증 환자 150명을 다음의 세 가지 치료군에 무작위로 배정했다. (1) 우울증 환자의 행동을 활성화시키는 치료만 받은 경우, (2) 행동활성화 치료와 우울증 환자의 자동적 사고를 교정하는 치료를 함께 진행한 경우, (3) 행동활성화와 자동적 사고의 교정 외에 우울증 환자의 근원적인 핵심 신념까지 수정하는 치료를 시행한 경우로 나누었다.

예상대로라면 세 번째 치료 조건에 속한 환자들이 가장 좋은 효과를 보일 것이고, 우울증 환자의 인지를 수정하는 치료는 시행하지 않고 행동만 활성화시키는 첫 번째 치료는 효과가 없을 것이다. 하지만 결과는 예상을 빗나갔다. 행동활성화 치료만으로도 인지행동치료만큼 효과가 발휘된 것이다. 특히 심한 우울증 환자만 따로 분석해 보면 인지 교정보다 행동활성화의 치료 효과가 더 큰 것으로 나타났다. 우울한 정도가 심할수록 행동을 변화시키는 것이 생각을 바꾸는 것보다 우울한 기분에서 벗어나는 데에 더 실효적이었던 것이다.

행동활성화 치료는 즐거움과 숙달감을 느낄 수 있는 활

동에 참여할 수 있도록 환자를 돕는다. 행동을 통해 긍정적 보상 경험을 할 수 있도록 만드는 것이다. 의욕이 없다고 아무것도 하지 않으면 즐거움도 기쁨도 찾아오지 않는다. 가만히 있는데 좋은 느낌이 들 리 없다. 즐거움과 숙달감을 느끼지 못하니 의욕 저하는 더 심해진다. 이런 악순환을 일컬어 '행동비활성화의 덫'이라고 한다. 긍정적으로 마음먹으라고 아무리 말해도 행동이 활성화되지 않으면 우울증에서 벗어날 수 없다.

그렇다면 행동을 활성화하기 위해서는 어떻게 하는 것이 좋을까? 마음가짐이 아니라 실행안을 구체적으로 밝히는 것이 필수다. 뉴욕 대학의 심리학자 피터 골위처 교수는 대학생들에게 크리스마스 연휴 동안 에세이를 한 편 써서 이메일로 보내라는 과제를 내주었다.[38]

골위처 교수는 절반의 학생들에게는 과제를 꼭 제출해야 한다는 주의만 주었다. 그리고 나머지 절반의 학생들에게는 언제 어디에서 에세이를 쓸 것인지 구체적인 계획을 제시하라고 했다. 그 결과 "오전 9시에 스타벅스에 가서 쓸 것이다"처럼 구체적으로 행동 계획을 밝힌 학생들 중 71퍼센트가 과제를 제때 제출했다. 실행안을 밝히지 않은 대학생이 숙제를 제대로 한 비율은 32퍼센트에 불과했다. 구체적인 행동 계획을 밝히느냐 아니냐에 따라서 실행 비율이 두 배 이상 차이가 난 것이다.

'살아 있다'는 느낌은 어디에서 오는가

살아 있다는 느낌은 감각 경험에서 나온다. 일상생활에서 감각 경험에 주의를 기울여 본다. 타이핑을 할 때 손끝의 느낌, 걸을 때 발바닥이 땅에 닿는 감각을 느끼는 데 집중해 보자. 커피에서 느껴지는 여러 가지 맛을 구분해 보자. 감각을 느끼는 능력이 세밀해지면 생기가 일어난다. 건강하게 먹고, 규칙적으로 운동하고, 충분히 자도록 하자. 너무 흔해 빠진 이야기라 식상할 수도 있다. 하지만 분명한 사실이다. 느끼는 힘을 키우려면 신체가 건강해야 한다. 마사지, 요가, 자연에서 보내는 시간을 더 많이 갖는 것도 좋다.

경험을 수집하는 사람이 되길 권한다. 익숙한 환경에서 벗어나 여행을 하고, 소설책을 읽고(공감 능력을 키우는 데는 사실주의 소설이 SF 소설보다 더 효과적이다), 우리의 삶이 고스란히 녹아 있는 영화를 보고, 낯선 음식을 먹는 것에도 도전해 본다. 새로운 경험을 차곡차곡 쌓아 간다. 이 모든 체험이 느끼는 힘을 키워 준다.

경험이 뇌를 자극하면 새로운 감정 개념들이 습득된다. 예를 들면 단순히 '싫다'는 감정이 아니라 '때로는 슬프고, 아련하고, 우울하고, 저릿하고, 가슴이 먹먹하다'와 같은 입체적인 감정 능력을 키울 수 있다. 새로운 감정이 새로운 어휘와 연결되면서 감성은 섬세해진다. 감정 어휘가 많아질수록 활용할 수 있는 감정도 많아진다. 공감 능력도 커지고 타인과 대화도 원활해지고 서로 원하는 것을 맞춰 가는 것도 수월해진다.

특히 일그러진 감성을 되살리는 하나의 방법으로 예술을 가까이할 것을 권유한다. 우리는 예술을 곁에 두고 살아야 한다. 해마다 우울증 환자가 늘어나고 자살률도 치솟아서 정신건강 전문가도 많아지고 있다지만, 그만큼 더 많은 예술 작품과 예술가도 필요하다. 온 국민이 부담 없이 예술 작품을 가까이에 두고 살아갈 수 있다면 정신건강전문가가 할 일도 줄어든다.

　미술 작품을 감상하는 것은 심리치료를 받는 것과 다르지 않다. 나약해서 쉽게 쓰러질 수밖에 없는 인간을 다독여 일으키는 것이 미술이다. 미술은 우리의 영혼을 어루만져 준다. 나는 예전에 쓴 《사모님 우울증》이라는 책에서 이렇게 말한 적이 있다.

　"미술은 삶의 본질에 대한 질문을 던져 줍니다. 미술은 사람과 인생의 문제에 대한 해답을 그 속에 품고 있습니다. 이런 거창한 것이 아니더라도, 일상에서 부딪히는 소소한 어려움과 갈등을 풀 수 있는 '스킬'이 그 속에 숨겨진 경우도 있습니다. 스트레스 받고, 지치고 힘들어서 잊고 있었던 인생에서 가장 소중한 것들을 다시 일깨워 주기도 합니다. 미술의 이런 역할은, 정신과 의사로서 제가 매일 매일 하고 있는 작업과 별반 다르지 않습니다."[38]

　예술이 어떤 역할을 꼭 할 필요는 없지만 그래도 나와 같은 보통 사람들은 예술이 내 삶에 아주 작은 기여라도 해주기를 바란다. 우울한 사람은 미술 작품을 감상한 뒤에 조금이라도 마음이 홀가분해지기를 기대한다. 에너지를 잃은 사람은 열정을 되찾기 위해 미술 작품을 감상한다. 혼돈에 빠져 허우적대는 사람은 이를 통해 평온과 조화를 얻기도 한다. 사는 게 허무하다고 느끼는 사람이 미술 작품을 감상하고 삶의 의미를 찾을 수도 있다. 심리적으로 보면 예술은 결코 무용해질 수 없다.

감정적으로 지혜로운 친구를 곁에 두고 그와 많은 시간을 보내는 것도 방법이다. 다른 사람들과 정서적으로 접촉하면 느끼는 힘이 저절로 길러진다. 감정적으로 솔직해질 수 있는 모임이나 동료를 곁에 두고 있으면 좋다. 그들과 대화하면서 경험을 확장해 나가자. 바쁜 일상으로 감정이 메말라갈수록 짬을 내어 타인의 삶 속으로 들어가면 감정의 힘도 커진다.

타인의 삶을 통해 그들이 어떤 느낌을 갖고 살아왔는지를 상상해 본다. 같이 일하고 있지만 아주 친하지 않은 동료라든가, 어렵게 느껴져서 말 걸기 힘들었던 상사라든지 어느 정도 거리가 있는 사람을 떠올린다. 그 사람의 부모는 어떤 분일까, 어떻게 키워졌을까, 주변에 어떤 친구를 두고 있을까? 틀려도 된다. 사람들의 이야기에 관심을 기울이게 되면 우리 감정도 되돌아볼 수 있다.

감정과 감정에 대한 반응을 기록해 보는 것도 좋다. 무엇이 자기 감정을 촉발하는지 인식할 수 있게 해준다. 불안을 느꼈다면 무엇이 그렇게 만들었는지 관찰해 본다. 아주 작은 사건을 큰 자극처럼 여겨졌을 수 있다. "그 순간 어떻게 느꼈는가? 그 반응을 보일 때 내가 어떤 생각을 했는가? 이런 감정을 느낄 때 내가 어떻게 행동해야 할까?" 스스로에게 물어본다. 어떻게 행동하고 어떤 태도를 보이는 것이 자신에게 이로울지 알게 된다.

이때 감정을 평가하거나 편집해서는 안 된다. 그저 나중에 그 기록을 꺼내서 보는 것이 중요하다. 감정이 나타나고 사라지는 패턴을 확인할 수 있다. 감정 반응 뒤에 숨겨진 또 다른 감정을 확인할 수도 있다. 그 감정과 연결된 삶의 기억을 꺼내 봐도 좋다. "그 이전에 이런 느낌을 받은 적이 있는가?"라고 자문하며 감정의 기원을 따라가 본다. 그 감정과 연결된 것이라면 무엇이든 상관없다. 감정의 진짜 의미를 깨닫게 될 것이다.

고통을 참는 게 습관이 되면
기쁨도 느낄 수 없게 된다

이룰 만큼 이루고 가질 만큼 가졌는데도 "따분하다. 지루하다. 사는 게 무의미하다"라고 하는 이들이 진료실로 종종 찾아온다. 고통은 없지만 기쁨도 사라진 것이다. 작은 창문 하나를 가진 네모난 진료실에서 우울하다, 불안하다는 이야기를 오전 10시부터 저녁 늦게까지 들어야 하는 나의 처지와 비교하면 그들의 삶이 월등히 나아 보이는데도 사람들은 "사는 게 재미없고 허무하다"라고 한다. 이런 이들을 자주 보다 보니 '아, 인생은 아름다워!'라고 느끼려면 삶의 조건을 초월하는 또 다른 뭔가가 필요함을 실감하게 되었다.

기쁨을 스스로 지어내지 못하면 삶은 공허해진다. 인간은 자기 안에 필요한 기쁨을 모두 갖고 태어나지만 현실 세계가 이것을 느끼지 못하게끔 훼방을 놓는다. 이런저런 스트레스와 역경이 기쁨에서 멀어지게 만든다. 고통을 참는 게 습관이 되면 기쁨도 느낄 수 없다. 자기도 모르게 기쁨을 느끼는 감각까지 차단해 버리기 때문이다. 나중에는 살아 있다는 감각마저 잃어버린다.

한때 스마트폰 게임인 '포켓몬 고'가 열풍이었다. 여러 이유가 있었겠지만 인류의 수렵채집 본성을 일깨운 것도 인기의 원인 중 하나가 아닌가 싶다. 포켓몬스터 이야기의 중심은 포켓몬 마스터를 꿈꾸는 열 살배기 지우와 전기 공격이 가능한 포켓몬 피카추가 최고의 마스터로 거듭나기 위해 여행을 떠나는 것이다. 스마트폰 카메라를 통해 포켓몬스터를 발견하고, 스마트폰으로 포켓볼을 던져 몬스터를 포획한다.

이 내러티브는 수렵채집을 하던 우리의 원시 조상이 했던 활동과 다를 바 없다. 먹기 위한 짐승 대신에 몬스터를 잡고, 돌이나 화살 대신에 포켓볼을 던진다는 것이 다를 뿐이다. 포켓몬 고는 세상을 탐색하고 수렵하고 채집하는 인간의 본성을 자극하는 게임이라고 해도 틀리지 않는다. 인간의 근원적 욕망과 현대 기술의 결합이라고 불러도 될 것이다.

행동은 인간의 천성이다. 인류는 시초부터 유목민이었다. 끊임없이 움직이는 존재였다. 인류가 정주 생활을 한 지는 1만 년 정도에 불과하다. 세상을 탐색하고 체험하려는 욕망은 인간의 본성에 뿌리 박혀 있다. 원시시대부터 지금까지 변하지 않고 인간의 유전자에 녹아들어 자리 잡고 있다. 열매든 동물이든 뭔가를 현실에서 능동적으로 구할 수 있었던 종만이 지금껏 살았다. 한곳에 정착해서 온갖 물건을 집에 쌓아 두며 생활하는 것은 유전자의 관점에서 보면 낯설고 이상한 행위다. 정주는 인간의 본능과는 어울리지 않는 삶의 양식이다.

인간은 인류의 조상이 거주하던 아프리카 동부와 유사한 자연환경에 이끌린다. 사람들은 듬성듬성 흩어진 수풀, 나뭇가지가 넓고 낮게 우거지고 몸통이 굵은 나무를 좋아하는데 이러한 본능적 자연 선호 현상을 일컬어 '사바나 가설'이라고 한다.[40]

아름다운 경치나 노을, 숲 같은 풍경을 보면 뇌에서 엔돌핀이 분비되고 긍정적 정서를 경험하게 된다. 실제 자연뿐만 아니라 자연을 모방한 환경에 3~5분만 노출되어도 스트레스가 줄어든다는 연구 결과도 있다.[41] 이탈리아의 인문주의 학자 마르실리오 피치노는 우울증에 걸린 사람들에게 "햇빛을 받아 반짝이는 물살과 녹색과 빨간색을 자주 바라보고, 꽃밭이나 숲을 자주 드나들고, 즐거운 마음으로 강줄기를 따라 걷거나 아름다운 초원을 거닐어 보라"고 주문했다.[42] 장 자크 루소는 현대 도시 사회가 끼치는 해악을 정화하기 위해 자연을 다시 품고 고독을 추구하고 발과 마음을 정처 없이 떠돌게 내버려 두라고 말했다.

인간은 시각에 강한 지배를 받는다. 무엇을 보고 무엇이 보이느냐, 하는 것이 정신건강에 중요하다. 시각 이미지는 정서를 자극하고, 자극된 정서는 혈압과 심박동에도 영향을 준다. 수술 후 병상에 누워 있는 환자가 창밖으로 풀과 나무와 같은 자연 풍경을 볼 수 있으면, 벽만 보이는 병실에 있을 때보다 회복 기간도 짧아지고 통증도 덜 느낀다.[43] 마찬가지로 맹장 수술을 받은 환자가 꽃이 있는 병실에 있는 것이 텔레비전이 있는 병실에 있는 경우보다 기분은 더 좋고 불안은 덜 느낀다. 혈압과 심장박동도 안정된다. 진통제 복용 횟수도 현저히 줄어든다.[44] 이런 효과가 나타난 것은 식물의 존재가 사람에게 보호받는다는 느낌을 주기 때문이다. 자연 안에 머물며 경관을 감상하는 것만으로도 우리는 위안을 얻는다.

타인에 의해서가 아닌

오직 나에 의한 나만의 기쁨

기쁨은 오로지 자신의 것이며 타인의 평가와는 아무런 관계가 없다. 이것이 진실한 기쁨이다. 세속적 성공과는 무관한 자기만의 기쁨을 만들어야 한다. 나는 귀가 밝아지는 소리를 발견하면 황금을 얻은 것 같다. 세상 곳곳에 흩어진 진귀한 노래들을 손가락만 까딱하면 얼마든지 얻을 수 있다. 지금 이 순간에도 뮤직앱에 어떤 새로운 곡이 발매됐을까 궁금하다. 거대한 정치 담론보다 소소한 미담에 눈길이 더 쏠린다. 신기한 가십을 보면 눈이 동그래진다. 카페 창가 자리에 앉아 길을 걷는 사람들의 표정과 옷차림, 걸음걸이를 보면서 그들은 지금 무슨 생각을 하고 있을까, 하고 마치 소설가가 된 것처럼 상상한다. 꽃이 피면 꽃만 보고 예쁘다, 하는 것에 그치지 않고 '떨어진 꽃잎은 어디로 사라져 갈까' 하고 마음속으로 그려 본다.

나는 매일 5킬로미터를 뛴다. 어제보다 조금 더 빨리 뛰었을 때 기쁨을 느낀다. 한 시간을 쉬지 않고 달릴 수 있게 되었을 때의 성취감을 잊을 수 없다. 이런 뿌듯함을 느낄 때마다 '잘 살고 있구나' 하는 생각이 든다. 컴퓨터 자판을 두들겨 스크린에 활자를 채워 나가면서 난해한 책을 한 장 한 장 읽어 넘길 때마다, 이리저리 흩어진 진리들을 모아서 나만의 통찰로 엮어낼 때, 가파른 산을 오르며 종아리가 당길 때마다 의미 있게 살고 있음을 온몸으로 감각한다. 소소한 일상에 전념하는 순간 반짝이며 찾아오는 기쁨이 진짜다.

기쁨은 잠재력을 실현할 때 따라오는 감정이다. 자아 탐구의 완성이자 있는 그대로의 자신과 이상으로서의 자신이 하나가 되었다는 증표가 기쁨이다. 있는 그대로의 온전한 자신이 되는 것을 기쁘게 여기는 사람이 자기실현을 위해 나아갈 수 있다. 궁극적으로 기쁨이 한 사람의 정체성을 구축한다. 정체성은 자신이 좋아하는 것들이 모여 특정한 방향성을 가질 때 형성된다. 다른 사람들이 원하는 것을 내가 원하는 것으로 착각하고 살면 기쁨의 목록이 빈약해진다. 좋아하는 게 별로 없다면 정체성은 희미해진다. 좋아하는 것이 풍성할수록 정체성은 튼튼하게 구성된다.

기쁨을 느끼지 못하는 목표를 좇아가다 보면 필연적으

로 자기소외에 빠진다. 비록 가치 있는 목표에 헌신하더라도 그것에서 지루함을 느낀다면 '이건 내가 진정으로 원한 것이 아니야'라는 느낌이 따라오기 때문이다.

반대로 기쁨을 느끼는 목표에 헌신하더라도 그것이 반드시 의미 있는 것도 아니다. 식물을 노래하게 만들겠다고 애쓰는 일이 개인적으로는 재미있을지 몰라도 객관적으로 그런 행동이 의미를 갖기는 어렵다. 당사자에게는 기쁠지 몰라도 객관적으로 무가치한 일에 헌신하고 있다면 그의 삶은 무의미해진다. 마약으로 쾌락을 느낄 수는 있지만 삶은 필연적으로 무의미해지는 것과 같다. 삶의 의미는 주관적인 기쁨과 객관적인 유익함이 만나야 창출되는 것이다.

15

마음속
별난 코끼리

세상 모든 이의 마음에는
제각각으로 생겨 먹은 코끼리 한 마리가 산다.

갑자기 떠오르는 위험하고 이상한 생각들

"집중이 안 되고 딴생각이 나요. 강박증이 있는 것 같아요." 시험이 다가올수록 진료실을 찾는 수험생이 늘어난다. 이전에는 정신과 진료를 받은 적도 없고 그럭저럭 큰 문제 없이 학창 시절을 보냈는데, 새삼 시험을 앞두고 정신질환이 생긴 걸까?

책을 읽을 때 딴생각이 난다? 당연한 일이다. 텍스트에만 100퍼센트 집중할 수 있는 사람은 없다. 한 심리 연구 결과를 보자. 피험자에게 레프 톨스토이의 《전쟁과 평화》를 읽게 했다. 화면에 메시지 창이 떴을 때 딴생각을 하고 있었으면 버튼을 누르라고 했다. 실험이 진행되는 동안 "딴

생각을 하고 있었는가?"라고 6번 물었다. 전체 피험자들의 총 측정치 중 딴생각에 사용된 시간은 13.2퍼센트였다. 독서를 10분 하면 우리 마음은 1분 18초 동안 책이 아닌 다른 곳에 가 있다는 뜻이다.[45] 《전쟁과 평화》를 읽는 내내 딴생각을 얼마나 했는지 연속적으로 측정했다면 실험 결과보다 훨씬 더 높은 수치가 나왔을 게 분명하다.

정상적으로 일어날 수 있는 심리 현상을 비정상으로 오해하면 안 된다. 자신이 원하거나 의도하지 않았는데도 마음속에 불쑥 끼어드는 생각을 일컬어 침습적 사고Intrusive thought라고 한다. 아프리카, 아시아, 유럽, 북미와 남미 13개 나라에서 온 777명의 대학생에게 지난 3개월 동안 폭력적이거나 비도덕적인 생각과 이미지가 의지와 상관없이 떠오른 적이 있는지 물었다. 이에 93.6퍼센트가 침습적 사고를 경험한 것으로 나타났다.[46]

침습적 사고의 내용은 다양하다. 자신이 사람을 때릴 것 같다거나 개를 발로 찰 것 같다는 식의 공격적 행동에 대한 것일 수도 있고, 야한 이미지가 갑자기 떠오르기도 한다. 멀쩡한 사람이 갑자기 강 아래로 뛰어내릴 것 같은 생각이 든 경우도 있고, 날카로운 칼을 보고는 그것으로 누군가를 찌를 것 같은 생각이 들 때도 있다.

"내가 왜 그런 생각을 하는 거지? 나에게 뭔가 문제가 있나?"하고 스스로에게 놀랄 수도 있다. 자신이 생각하는 자기 정체성과 일치하지 않는 자아 비동조적$^{Ego-dystonic}$ 생각을 했기 때문이다. "내가 이상해진 것 같아요. 이러다 미치는 거 아니에요?"라며 불안해하지는 말자. 불안해할수록 침습적 사고는 더 심해진다. "그런 생각하면 안 돼"라고 몰아붙일수록 더욱 생각나게 된다. 다섯 살배기 아이에게 "장난치지 마!"하고 잔소리를 하면 할수록 오히려 더 하려고 드는 것과 비슷하다. 공부할 때 잡념이 하나도 떠오르지 않아야 한다고 마음먹을수록 잡념이 더 심해지는 것도 같은 경우다.

우리 마음은 끊임없이 생각을 생산한다. 하루 16시간 기준으로 약 4,000가지 생각을 만들어 내며 특정한 생각은 대개 5초 정도 머물다 사라진다.[47] 잡념이 조금도 끼어들지 않는 순수한 마음을 유지할 수 있는 사람은 이 세상에 없다. 마음에는 항상 오류가 일어난다. 우리는 기계가 아니다.

침습적 사고는 불현듯 출몰해서 불안을 일으키지만 내

버려 두면 저절로 사라지는 형태를 갖고 있다. 왜 이런 생각이 들까, 어떻게 해야 이 생각을 없앨 수 있을까, 하고 파고들면 침습적 사고는 더 심해진다. 위험하거나 공격적인 생각, 성적인 이미지 등 불쑥 떠오른 내용이 옳고 그른지, 그런 생각을 해도 되는지 안 되는지, 따지고 들면 더욱 악화된다.

침습적 사고는 자신의 의도와 상관없이 갑자기 떠올랐다가 그냥 놔두면 저절로 사라진다. 이런 침습적 사고의 양상을 이해하는 것이 중요하다. 내용과 형태를 구분하라는 얘기다. 갑자기 떠오르는 이상한 생각이 침습적 사고라는 것을 알아차리고 사라지게 내버려 두면 된다. '인식하고 놓아주기'다. 그렇게 자신을 괴롭히는 생각으로부터 심리적 거리를 만들 수 있다.

이런 문제로 정신과를 찾는 이들은 주로 수험생과 취업 준비생이다. 실수하면 안 된다고 스스로를 다그치고, 완벽해지려는 열망이 크기 때문이다. '시험을 망칠 것 같아'라고 불안해할수록 이상한 생각이 더 떠오른다. 불안이 공부에 집중하지 못하게 만들고, 그럴수록 침습적 사고가 마음에 끼어들 틈이 생기는 것이다. '내가 마음만 먹으면 언제나 공부에 집중할 수 있어야 해'라고 믿으면 더 괴로워진다.

흰 곰을 생각하지 말라 : 생각 억제의 반동 효과

마음은 우리를 기분 좋게 만들어 주는 유쾌한 친구가 아니다. 마음은 세상 곳곳의 위협에 대비하고 생명을 지키는 데 도움이 되도록 진화되었다. "위험하지 않을까? 안전한가? 나에게 해로운 것은 아닌가?" 하고 끊임없이 분석하고 비교하고 판단하고 평가한다. 위험에 대비하고 남들과 비교하고 과거의 실수를 재평가하는 것이 마음의 기능이다. 마음이 제 역할을 하지 않고 자아에게 "인생은 아름다워"라고 재잘댈 리 없다.

눈을 감고 5분간 아무것도 하지 않고 가만히 앉아 있어보자. 마음속에 떠오르는 생각들을 관찰해 보자. 긍정적이고 기분 좋은 생각인가? 걱정하고 염려하지는 않는가? 대체로 7할 정도는 부정적인 생각을, 3할 정도는 긍정적인 것이 떠오를 것이다. 생각은 대체로 부정적인 것이 지배적이다. 과거를 돌아보며 잘못을 찾는 데 익숙하다. 앞으로 생길 수 있는 위험을 걱정하고 염려한다. 자연스러운 본성이다. 영어 표현 중에 'mind'는 마음이나 정신을 뜻하기도 하지만 무언가를 '꺼리다'라는 표현이기도 하다. 꺼림칙한 것, 피해야 하는 것이 무엇인지 밝혀내는 것이 마음이라는 뜻이다.

우리는 보통 부정적 생각이 떠오르면 중단시키려고 애쓰거나, 다른 생각으로 바꾸려고 노력하거나, 왜 이런 생각이 떠오르는지 그 이유를 찾으려고 한다. 부정적 생각이 자아를 괴롭히게 놔둘 수는 없지 않은가. 어떻게든 떨쳐 내려고 애쓰게 된다. 그런데 이런 노력들은 실효가 있을까? 생각을 억지로 안 하려고 하면 마음먹은 대로 될까?

사고 억제에 대한 가장 유명한 연구가 바로 심리학자 대니얼 웨그너 교수의 논문이다.[48] '흰 곰을 생각하지 말라'라는 실험 제목으로 널리 알려졌다.

실험 참가자 A그룹에게는 머릿속에 떠오르는 모든 것을 5분 동안 말로 표현하라고 했다. 그러면서 피험자들에게 흰 곰을 생각하지 말 것을 지시했다. 그래도 흰 곰이 생각나면 앞에 있는 종을 울리라고 했다. 이렇게 흰 곰에 대한 생각을 통제한 5분이 끝난 뒤, 이제는 5분간 흰 곰을 생각해도 된다고 허용했다. 이번에도 역시 흰 곰이 떠오르면 앞에 있는 종을 울리라고 했다.

다른 피험자 B그룹에게 같은 실험을 하되 순서를 바꾸었다. 처음 5분 동안은 흰 곰 생각을 해도 좋다고 허용하고, 그다음 5분 동안은 흰 곰 생각을 하지 않도록 통제했다.

처음에 흰 곰 생각을 억제한 A그룹(생각 억제 그룹)과 흰 곰 생각을 허용받은 B그룹(생각 표현 그룹)에서 각각 피험자들이 흰 곰을 얼마나 많이 떠올렸는지를 비교했다. 그 결과 A그룹이 나중에 흰 곰에 대해 더 많이 생각한 것으로 나타났다. 생각을 하지 말라고 했더니 오히려 흰 곰에 대한 생각을 더 많이 하게 된 것이다. 생각 억제의 반동 효과이다.

핑크색 코끼리를 상상하지 말라고 지시한 뒤 수학 문제를 풀게 한 그룹과 같은 과제를 주면서 핑크색 코끼리를 생각해도 괜찮다고 허용한 그룹, 둘 중 어느 쪽 수행 결과가 더 좋을까? 생각을 억제하면서 수학 문제를 풀면 실수도 잦아지고 시간도 더 걸린다. 생각을 억제하는 데 정신력을 써야 하기 때문에 수학 문제를 푸는 데 쓸 에너지가 줄어든 것이다.

강박장애 환자에게서도 비슷한 현상이 관찰된다. 강박사고를 억제한 그룹, 적극적으로 강박적 사고를 해도 된다는 그룹, 강박사고를 기록만 해두라고 한 그룹, 이렇게 세 그룹을 비교했다. 그랬더니 생각을 억제한 경우 강박사고의 출현 빈도가 높았다.[49] 강박증 환자의 정신적 고통도 다른 두 그룹에 비해 더 컸다. 강박적 사고를 더 떠올려 보라고 한 그룹이 억제하라고 한 경우보다 강박사고가 덜 나타나고 정신적 고통도 적었다. 강박사고의 빈도와 강도는 억제하려는 노력에 비례해서 커진 것이다.

우연히 일어난 일에 대해
'왜'라고 묻지 않을 것

이성은 이유를 찾고 근거를 대는 능력이다. 통제 불가능한 상황이 닥치면 이성이 활발하게 작동한다. "도대체 이 일이 왜 생긴 거지? 무엇 때문이야? 이유가 뭐야?" 이렇게 생각하는 게 바로 이성이 하는 역할이다. 생각한다는 것은 모순적인 것, 무의미한 것, 불확실한 것, 낯선 것을 친숙하고 이해 가능한 것으로 만들고자 하는 의지가 발휘된 것이다.

우발적 사건의 원인을 찾고자 하는 것은 허상을 좇는 것에 다름 아니다. 설령 그럴듯한 이유를 찾는다고 하더라도 그것이 정확한 원인인지 알 수 없는 경우도 허다하고 그걸 알게 된다고 해서 인생이 행복해진다는 보장도 없다. 그런데도 우리는 왜 끊임없이 이유를 찾으려 할까? 마음의 동요를 잠재우기 위해 세상과 세상 사람들이 존재하는 방식을 이해하려고 하는 것이다. 이해가 없으면 불안해진다. 충분히 이해 못 하면 통제할 수도 없다. 통제할 수 없는 상황을 인간은 견디기 어려워한다.

인생은 모르는 것투성이다. 아무리 찾아도 원인이 보이지 않는다. 이유도 모르겠다. 뭔가 찾은 것 같은데 이리저리 생각하다 보면 또 아닌 것 같아 혼란에 빠진다. 이런 곤란한 상황을 해결하는 방법은 간단하다. 이유 대기, 원인 찾기, 왜라고 질문하기를 중단하는 것이다. 우연히 일어난 일, 어쩔 수 없이 일어난 사건, 원래부터 통제할 수 없는 세상에 숨겨진 이유를 찾으려는 노력을 멈춰야 한다. 이미 지난 일을 두고 이전에 있었을지 모를 원인을 찾으려는 과거 회귀적인 관점을 내려놓아야 한다. 일어난 일에 대해서는 있는 그대로 받아들여야 한다. 김연수 작가는 소설《이토록 평범한 미래》에서 이러한 깊은 통찰력을 보여 준다.

"붓다는 세상에서 겪는 고통을 첫 번째 화살에 비유했다. 그리고 첫 번째 화살을 뽑을 생각을 하지 않고 그 화살이 어디서 날아왔는지, 누가 쏘았는지, 왜 내가 이런 대접을 당해야만 하는지 따지다가 다시 맞는 화살을 두 번째 화살이라고 말했다. 두 번째 화살은 뽑고 난 뒤에도 고통이 사라지지 않는다. 거기 여전히 첫 번째 화살이 있으니까. 뭔가를 했는데도 고통이 사라지지 않으니 두 번째 화살 앞에서 사람은 점차 무기력해진다. 그와 달리 첫 번째 화살을 뽑고 나면 즉각적으로 기쁨이 찾아온다. 그건 고통이 사라지기 때문에 찾아오는 기쁨, 단순한 기쁨이다. 두 번째 화살을 맞지 않기 위해서는 만족스럽지 않고 때로는 고통스러울지라도 지금 이 순간의 세상을 품에 안아야 한다."[50]

생각은 그저 생각에 불과하다. 생각 그 자체는 자기 자신이 아니다. 나는 생각이 아니고, 생각도 내가 아니다. 내가 있고 생각이 있다. 나의 생각을 인식하는 또 다른 자아가 존재한다. 경험하는 자아뿐 아니라 관찰하는 자아가 있다는 것에 주목해 보자.

한 사람은 단순히 감정과 생각의 총합이 아니다. 감정과 생각을 경험하는 것에서 벗어난 또 다른 자아가 있다. 매 순간 바뀌는 생각과 감정 너머 그 어딘가에 따로 존재하는 자아다. 경험에서 한발 물러나 그것을 평가하지 않고 있는 그대로 바라보게 하는 자아가 바로 그것이다. 관찰하는 자아다.

관찰하는 자아는 '왜 이런 생각이 들지, 이런 감정이 드는 건 무엇 때문일까?'라고 의문에 빠지기보다 '내가 이렇게 느끼고 있구나' 하고 관조적 자세로 지켜본다. 물밀듯 쏟아지는 생각들을 억지로 멈추게 하는 것이 아니라 마치 남의 것인 양 바라본다. 옆으로 한 발짝 물러서서 사유를 외부 대상처럼 관조한다.

나에 대한 생각이 진정한 나를 밝혀주지 않는다. 생각은 그저 의견, 신념, 가정, 추정, 판단일 뿐이다. 생각이 현실을 있는 그대로 반영하지도 않는다. 자기 자신에 대해서만 너무 오래, 너무 자주, 너무 깊이 생각하면 오류에 빠질 수밖에 없다. 무엇보다 더 암울한 느낌이 따라온다. 실존주의 정신과 의사 빅터 프랭클은 그래서 아예 "내적 혼란을 보지 마십시오"라고 말하기도 했다. 어쩌면 생각은 본질을 흐리는 소음에 불과할지도 모른다.

부정적인 생각과 부정적인 감정이 떠오르더라도 통제하지 않아야 한다. "이건 감정일 뿐이야" 하고 알아차린다. 좋다, 나쁘다 판단하지 말고 관찰한다. "음, 내가 ……생각을 하고 있구나" 하고 바라본다. "누구도 나를 사랑하지 않아"라는 생각이 떠오르면 그 생각을 사실이라고 곧장 받아들이지 말고 "누구도 나를 사랑하지 않는다고 내가 생각하고 있구나" 하고 생각에서 자아를 분리한다.

자기 마음의 문제에 대한 정확한 이해와 수용은 중요하다. 하지만 완전하게 자기를 이해한다고 해도 성장하기 위해서는 다른 노력이 필요하다. 자기를 이해했다고 해서 저절로 성장하지 않는다. 이해와 성장은 서로 다른 트랙을 달리는 기차다. 진정한 변화와 성장은 행동과 경험을 통해야만 가능하다.

마음속 별난 코끼리 받아들이기

우리들의 마음에는 코끼리가 한 마리씩 살고 있다. 물론 진짜 동물을 일컫는 건 아니다. "마음은 어떻게 작동하는가?"라고 누군가가 물었을 때 내가 자주 활용하는 비유 동물이 바로 코끼리다.

정신의학자들은 도마뱀 같은 파충류의 특성을 지닌 뇌 영역이 심리를 조종한다고 설명한다. 부처께서는 "원숭이 같은 마음"이라는 표현을 썼다. 과거와 미래를 떠돌며 지금 이 순간에 온전히 머물지 못하는 중생의 산만한 태도를 꼬집기 위해서였다. 인기 드라마의 주인공 우영우 변호사는 고래를 가슴에 품고 있었다. 기발한 생각이 떠오를 때마다 그녀의 눈에는 푸른 바다에 물보라를 일으키며 헤엄치는 고래가 보였다. 우영우는 자신을 "흰고래와 함께 사는 외뿔고래"라고 여겼다.

엉뚱한 상상이 자기 의지와 상관없이 떠올라 괴로워하는 청년이 있었다. 또래 친구들은 그를 특이하다고 여긴 듯했다. 잘못도 아닌데 자신의 행동과 말이 주변 사람의 눈을 거슬렀는지 부당한 처사를 꽤 겪었다. 화가 날 법한 상황에 종종 처했을 텐데도 웃으며 이야기하는 순수한 얼굴을 보며 앞으로도 억울할 일이 많을 현실이 미리 염려됐다.

그런 그에게 이런 말을 해준 적이 있다. "네 마음속에는 다른 사람과는 조금 다른, 아니 어쩌면 많이 다를지도 모르는 별난 코끼리 한 마리가 살고 있는 거야. 너는 그 코끼리 등 위에 올라탄 멋진 기수고. 상상해 봐. 기수가 아무리 훌륭해도 자유롭고 개성 넘치는 코끼리를 길들이기란 쉽지 않은 일이야. 하지만 조련을 잘하면 다른 어떤 코끼리보다 크게 자라고, 멀리 갈 수 있고, 더 용감해져. 그 코끼리 등 위에 있는 너는 다른 사람들은 보고 싶어도 볼 수 없는 것들을 보고 느낄 수 있어."

이 청년뿐 아니라 세상 모든 이의 마음에도 제각각으로 생겨 먹은 코끼리 한 마리가 산다. 우리의 의식은 이 동물 위에 올라탄 기수다. 코끼리 등 위에 앉아 "이리 가, 저리 가, 멈춰!"라고 조종하는 기수가 더 대단한 것처럼 여겨지겠지만, 실상은 그렇지 않다. 오히려 일상에서는 코끼리에게 끌려다닐 때가 많다.

우리는 착각한다. 기수는 자신이 코끼리를 물가로 끌고 간 것이라고 생각하겠지만, 실제로는 갈증 난 코끼리가 물을 마시러 걸어간 것뿐이고 기수는 그걸 두고 코끼리가 자기 명령에 따랐다고 믿는다. 사람들의 마음과 행동도 기수의 바람대로 움직이는 게 아니라 코끼리의 욕망에 따를 때가 많다. 우리가 알아차리지 못한 채 살고 있을 뿐이다.

어떤 코끼리와 함께할지를 스스로 선택할 수 없다. 덩치가 작을 수도 있고 클 수도 있다. 너무 조용할 수도 있고 반대로 시끌벅적한 녀석일 수도 있다. 순한 녀석일 수도 있지만 제멋대로일 수도 있다. 여럿이서 어울려 물놀이를 하기보다는, 코로 흙을 헤집거나 때로는 작대기를 집어 바닥에 그림 그리며 혼자 노는 것을 더 좋아할 수 있다. 기수가 좋은 말로 달래고 훈련하고 때로는 다그치고 야단쳐도 코끼리의 본성은 변하지 않는다. 부모나 조상, 아니 어쩌면 신이 각자에게 안겨 준 것이기에 이제 와서 교환해 달라고 요구할 수도 없다.

별난 코끼리일수록 재주가 특출난 법이다. 이리저리 산만하게 돌아다니는 코끼리는 에너지가 많은 녀석이다. 기발한 생각이 떠올라 기수에게 이것저것 참견이 많은 코끼리는 그만큼 정이 많고 상상력도 크다는 뜻이다. 별난 코끼리일수록 기수에게 사랑을 듬뿍 받아야 한다. 그래야 점점 더 대단한 녀석으로 성장한다. 마음속에 품은 별난 코끼리와 어떻게 함께할지는 각자의 몫에 달렸다.

16

너와 나의 시간은
다르게 흐른다

마음속을 흐르는 시간의 성질을 이해하는 것은
인간의 본질에 대한 깨달음으로 들어가는 통로이다.

당신은 어떤 시간에 머물러 있는가

: 6개의 시간관

당신은 과거, 현재, 미래 중 어느 시간 영역을 더 중요하게 여기는가? 과거, 현재, 미래 중 언제 일을 생각하며 더 많은 시간을 보내는가? 과거나 현재, 미래를 생각할 때 어떤 느낌이 드는가? 긍정적인인가, 부정적인가? 행복한가, 슬픈가? 희망을 갖게 되는가, 두려움을 느끼는가?

우울하면 부정적 전망에 휩싸인다. 현실이 팍팍하면 미래를 생각하기가 어렵다. 몸과 마음이 아프면 당장 평온해지려는 마음이 앞서게 마련이다. 그럴수록 누군가는 시간의 축을 앞으로 더 늘여서 미래를 상상할 수 있도록 도와야 한다. 현재의 고통을 줄여 주는 것과 미래에 발생할지 모르는 의존성 사이에서 줄다리기를 해야 한다.

스탠퍼드 대학의 심리학과 교수 필립 짐바르도는 시간을 인식하는 방식이 개인의 생각과 감정, 행동, 그리고 삶의 방식을 결정한다고 주장했다. 그는 개인이 가진 시간에 대한 관점을 '시간관'이라고 명명하고 이것을 여섯 가지로 구분했다. 과거 부정적, 과거 긍정적, 현재 쾌락적, 현재 숙명적, 미래 지향적, 그리고 미래 초월적 시간관이다. 시간관은 현재의 선택과 행동에 영향을 끼친다.[51] 사람들은 특정한 시간관을 습득해서 과도하게 사용하는 경향을 보인다.

과거 부정적 시간관에 치우쳐 있는 사람은 실수나 실패와 같은 과거의 부정적 경험에 사로잡혀 산다. 이런 사람은 후회나 원망에 빠져들기 쉽고 우울증에 잘 걸린다. 과거 긍정적 시간관이 우세한 사람은 행복했던 추억에 젖고, 좋았던 자기 모습을 마음속에 간직하며 산다. 가족, 친구와 좋은 관계를 맺고 그들과 가까이 지내려는 경향이 강하다.

현재 쾌락적 시간관을 가진 사람은 즉각적인 즐거움과 자극을 추구하는 경향을 보인다. 인생을 즐기고 많은 사람들과 어울리는 것을 좋아한다. 이런 사람은 충동적 행동이

나 술과 약물 중독에 빠질 가능성이 높다. 현재 숙명적 시간관을 가진 사람은 운명이 이미 정해져 있고 미래도 결정되어 있기 때문에 자신의 힘으로 변화시킬 수 있는 것은 없다고 믿는다. 과거 부정적 시간관과 마찬가지로 현재 숙명적 시간관은 우울증에 취약하다.

미래 지향적 시간관은 현재보다는 미래 목표에 초점을 맞춘다. 이 시간관을 주로 활용하는 사람은 절약 정신이 강해서 돈도 많이 모으고 계획에 따라 살며 자기 절제에 능하다. 하지만 미래를 위해 현재의 즐거움을 포기하기 때문에 여유가 생겨도 즐길 줄을 모른다. 항상 시간이 부족하다고 느끼고 스트레스를 많이 받는다. 미래 초월적 시간관은 종교, 영성에 대한 믿음과 관련된다. 이 시간관이 우세한 사람은 종교 행사에 자주 참석하고 사후 세계에 대해서도 관심이 많다.

사람들은 흔히 행복해지기 위해서는 지금의 순간을 만끽해야 한다고 말한다. 맞는 말이다. 미래만 바라보고 현재를 즐기지 못하는 이들은 앞으로의 인생에서도 만족을 모른 채 살아갈 가능성이 크다. 장밋빛 미래를 위해 현재를 희생하라고 매몰차게 굴면 안 된다. 지금의 순간에 주의를 기울여 더 많이 감각하고 삶을 음미하면 시간은 향기로워진다.

한편으로는 목표와 계획에 헌신하고 자기 절제에 능하지만 여유가 생겨도 즐길 줄을 모르고 시간에 좇기는 미래 지향적 시간관을 가진 사람은 일상의 기쁨을 느끼기 위한 여백을 갖기 위해 의식적으로 노력해야 한다. 지금에 몰입하며 즐거움을 느낄 수 있는 활동을 하거나 명상을 하는 데 더 많은 시간을 써야 한다.

현재 쾌락적 시간관이 우세한 사람은 현재를 즐기되 삶이 어디로 향하고 있는지를 항상 마음속에서 그려 보며 행동하는 게 좋다. 과거 부정적 시간관이 우세한 사람은 후회에 빠져드는 것을 의식적으로 알아차리고, 이것을 줄이기 위해 노력해야 한다. 원망보다는 감사와 용서의 마음을 길러야 한다. 정신건강에 진짜 중요한 것은 현재도 미래도 아닌, 이 둘 사이의 절묘한 균형이다.

시간과의 관계 맺기

: 과거의 반추와 미래의 예기 불안

시간은 절대적이지 않다. 물리학에서 시간은 질량과 속도에 대해 상대적이지만 심리적 시간은 주의력과 경험하는 정보량에 따라 길어지기도 하고 짧아지기도 한다. 신나고 재미있으면 시간이 빨리 흘렀다고 인식하지만 괴로우면 시간은 더디 간다고 느낀다.

시간의 흐름에 주의를 기울일수록 지각하는 시간의 속도는 느려진다. 시간을 알려 주는 신호에 주의를 기울이지 않으면 우리의 의식에서 지각하는 시간의 속도는 빨라진다. 괴로울 때 시계를 자꾸 쳐다보면 안 되는 이유가 이 때문이다. 의도적으로 주의를 분산시켜야 고통의 시간을 그나마 단축할 수 있다.

마음속을 흐르는 시간의 성질을 이해하는 것은 인간의 본질에 대한 깨달음으로 들어가는 통로이다. 우리는 시간이라는 렌즈로 마음을 이해할 수 있다. 칼 마르크스는 "시간은 모든 것이고 사람은 무가치하다. 사람은 고작해야 시간의 시체일 뿐이다"라고 말하기도 했다.[52] 극단적이지만 삶의 본질을 꿰뚫는 말임에 분명하다. 인간이 겪는 모든 문제는 시간의 문제로 환원된다. 사람이 살면서 경험하는 고통과 그것의 치유는 '우리가 시간과 어떤 관계를 맺고 있는지'가 결정한다고 해도 과언이 아니다. 시간은 과거와 미래를 유령처럼 떠돌며 우리를 불안하게 만든다. 심리 증상도 시간의 맥락에 따라 다르게 나타난다.

어떤 사람은 과거의 일이 반복해서 떠올라 후회와 슬픔의 감정에 휩싸이게 되는 반추Rumination 때문에 괴로워한다. "결혼하고 나서 시집 식구들이 나를 힘들게 했어요. 그때 일들이 떠오를 때마다 가슴에서 불길이 솟아요. 결혼하지 않고 혼자 살았으면 내 인생이 더 행복했을 텐데……." 과거의 고통스러웠던 일들이 갑자기 떠올라 우울해지는 것은 비단 이 환자뿐만은 아닐 것이다.

트라우마는 의식 속에서의 시간을 과거에 머물게 만든다. 시간이 아무리 흘러도 트라우마를 떠올리는 단서를 마주하는 순간, 순식간에 시간이 거꾸로 흐른다. 과거가 현재에 말을 건다. 이를 메모리 토킹Memory talking이라고 한다. 구조되어 안전한 곳에 머물러 있음에도 심리적으로는 계속 위험 상황에 놓여 있는 것이다. 뇌 속의 위기 경보는 멈추지 않고 계속 울린다. 생명에 위협이 되는 사건을 겪으면 뇌는 그 경험과 관련한 정보를 절대 놓치지 않는다. 미래에 비슷한 위험 상황에 빠지지 않게 하기 위해 뇌에 각인한다. 뇌에서 감정을 형성하는 편도체와 기억을 담당하는 해마 사이에서 트라우마 기억의 재처리가 활발하게 일어난다. 경보 기능을 하는 편도체의 열기가 식을 때까지 이런 현상은 계속된다. 그동안에는 시간이 흘러도 감정은 사고 당시에 머물러 있는 것처럼 느낀다. 물리적 시간은 흘러도 마음의 시간에서 트라우마는 영원히 지속되는 것이다.

미래에 대한 생각 때문에 현재가 괴로워지는 예기 불안Anticipatory anxiety도 있다. "생각을 당겨서 한다"라고 말하는 경우다. 일어나지 않았거나 일어날 가능성이 매우 희박한 일을 미리 생각하면서 괴로워하는 것이다. 가슴이 조금만 답답해도 "이러다 심장 마비로 죽는 거 아니야?"라고 생각하거나, 직장 상사에게 제출할 보고서에 조그만 실수가 있어도 "이것 때문에 회사에서 잘리는 거 아니야?"라고 불안에 휩싸인다.

뒤틀린 시간이 우리를 불안하게 만든다

남들에 비해 나만 뒤처진 것 같다는 생각이 들면 누가 뭐라고 하지 않아도 스스로 "시간이 없어. 남들을 따라잡으려면 서둘러야 해"라며 자신을 채찍질한다. "공부에는 때가 있어. 결혼과 출산 적령기에 맞춰야지. 사회에서 한 번 뒤처지면 따라잡기가 어려워"라는 이야기를 듣고는 사회적 박자에 자신의 삶을 억지로 꿰맞추려 한다. 이런 현상은 사회적 비교로 시간을 인식하기 때문에 생긴다.

사회심리학자 로버트 레빈은 그의 책《시간은 어떻게 인간을 지배하는가》에 세계 여러 도시의 인생 속도pace of life를 연구한 결과를 담았다. 사람들의 보행 속도와 시계의 정확성, 우체국에서 우표를 사는 데 걸리는 시간 등을 토대로 인생 속도를 측정한 후 건강과의 연관성을 조사했다. 이에 따르면 인생 속도가 빠른 도시에 심장병 환자가 많은 것으로 나타났다. 남들보다 앞질러 가려다가 병을 얻어 죽음에 더 빨리 도달할 수도 있다는 뜻이다.

코로나바이러스 팬데믹으로 사실상 인생의 속도가 달

라졌다. 지난 3년간 우리는 어쩔 수 없이 속도를 늦춰야 했다. 멈춰서 과거를 되짚어 보고, 피할 수 없는 현실을 견뎌 내려고 현재에 몰입해야 했다. 불확실한 미래에 대한 두려움 때문에 멈칫거렸다. 캘리포니아 대학교 연구팀이 코로나바이러스 확산 초기였던 2020년 3월부터 같은 해 10월까지 사람들의 시간에 대한 인식이 어떻게 변했는지를 추적했다.[53] 조사 대상자의 3분의 2 이상이 시간에 대한 태도 변화를 경험했다고 보고했다.

시간 지각의 왜곡을 경험한 사람들도 많았다. 같은 연구에서 응답자 중 50.4퍼센트는 실제보다 시간이 더 빨리 지나갔다고 인식했으며, 이와 반대로 오히려 시간 흐름이 느려졌다고 느낀 이들도 비슷한 정도로 많았다. 지금이 하루 중에 어느 때인지, 주중에 무슨 요일쯤 되었는지 혼란을 겪었다는 사람도 46.4퍼센트나 되었다.

얼마 지나지 않은 일인데도 기억이 나지 않아 당황했다는 보고도 3분의 1이 넘었다. 이런 현상들은 남성보다 여성에게 더 흔했다. 코로나바이러스 확산으로 인한 경제적 어려움, 학업 문제, 격리와 같은 스트레스가 시간 지각의 왜곡과 유의미한 관련성이 있었다.

자연스러운 시간의 흐름을 지각하려면 해가 뜨고 지는 것을 체감하고 적절한 수준의 실외 활동을 하는 것이 중요하다. 사회적 거리 두기와 장시간의 격리는 우리 마음속의 시간 흐름을 뒤틀어놓는다. 스트레스를 받으면 시간이 멈춘 것 같고 빨리 흘러가기를 바라게 된다. 영국에서 시행된 다른 연구 결과를 보면 사람들은 코로나바이러스 때문에 고통받은 기간을 실제보다 더 길게 지각하는 것으로 나타났다. 지난 3년 동안 겪었던 스트레스를 심리적으로는 그보다 더 오래 지속됐다고 받아들이는 것이다.

시간 인식이라는 심리적 토대가 흔들리면 우울과 불안이 유발된다. 잠들고 깨는 시간을 일정하게 지키고 실외 활동을 통해 햇빛을 충분히 쬐어야 시간 지각의 왜곡을 막을 수 있다. 어두운 방에서 컴퓨터 모니터만 보다가 해가 뜨는지 지는지도 모르게 생활하면 정신도 혼란에 빠진다. 우리의 삶이 과거에서부터 현재를 거쳐 미래로 쭉 이어져 간다는 영속성에 대한 믿음은 마음 건강을 지키는 데 중요한 요소다.

아이의 시간과 노인의 시간은 다르게 흐른다

프랑스 철학자 폴 자네는 "삶의 길이에 대한 느낌은 살아온 세월과 반비례한다"라고 했다. 정말 그럴까? 1995년 미국의 신경학자 피터 맹건은 다양한 연령의 피험자를 모아 실험을 했다.[54]

피험자들에게 시계 없이 마음속으로 3분을 헤아리다가 3분이 되었다고 생각될 때 버튼을 누르라고 했다. 피험자 중에서 청년들은 평균 3분 3초에 버튼을 눌렀다. 중년의 피험자가 버튼을 누른 평균 시간은 3분 16초. 노인의 경우 실제 시간이 3분 40초가 되었을 때 비로소 3분이 되었다고 인식하며 버튼을 눌렀다. 같은 3분이라도 연령에 따라 다르게 인식한 것이다. 노인의 마음에서는 3분이 아직 되지 않았는데 실제 시계는 이미 3분을 훌쩍 넘겼으니 '아, 이렇게 빨리 시간이 흘렀어'라고 여기게 된다.

기억 속의 시간은 현재 경험하는 시간의 속도와는 다른 방식으로 지각된다. 우리는 '얼마나 많은 정보를 받아들였느냐'에 따라 과거의 시간 흐름을 다르게 인식한다. 의식은 경험 속에 담긴 정보가 많을수록 더 긴 시간이 흘렀다고 느낀다. 새로운 경험 없이 똑같은 일상을 반복하면 이때의 경험은 짧게 압축되고 상대적으로 시간은 빨리 흘러갔다고 인식한다. 과거를 회상할 때 나이에 따라 시간의 속도를 다르게 지각하는 것도 이런 이유 때문이다. 어린이에게는 세상 모든 것이 새로운 경험이다. 그 속에서 습득해야 할 정보도 어른에 비해 상대적으로 많다. 학창 시절 "왜 이렇게 시간이 빨리 안 지나가지?"라고 여기는 것은 그 시간 동안 경험하게 되는 정보량이 많기 때문이다.

생물학적으로 보면 나이에 따른 시간의 상대성은 생체시계와 도파민의 변화 때문에 생긴다. 우리 몸의 생체시계는 뇌 시상하부의 교차상핵에 위치해 있다. 나이가 들수록 이 부위의 세포가 퇴화하고 도파민 활성도는 저하된다. 이렇게 되면 생체시계는 느려지고, 우리의 의식은 상대적으로 세월이 빨리 흘러갔다고 인식한다. 도파민은 호기심과 놀라움, 경이감을 느껴야 활성화된다. 나이가 들어도 감동하고 경탄할 일이 많으면 도파민이 더 많이 나오고 마음속 시간도 천천히 흐른다. 어제와 같은 오늘, 오늘과 같은 내일을 지루하게 반복하면 심리적 시간은 번개처럼 지나가 버린다. "이 나이에 무슨!"이라며 손사래를 칠 것이 아니라, 이제껏 해보지 않은 새로운 경험에 뛰어들어야 정신적으로 장수할 수 있다.

'자기 삶에 남겨진 시간에 대한 인식'이 삶의 태도를 변화시킨다. 중장년층의 우울증은 시간의 유한성을 부정적으로 받아들인 결과다. 나이가 들면 남겨진 시간이 얼마 없다고 느끼고 죽음을 강하게 인식하게 된다. '내 인생이 이게 뭐지. 죽고 나면 무슨 의미가 있나'라는 허무에 빠지면 우울증 위험이 커진다.

캘리포니아 대학교 연구진은 시카고, 런던, 댈러스 지역에 거주했거나 그 지역을 방문했던 사람들을 대상으로 조사를 했다.[55] 이 도시에 얼마나 오래 머물렀는지, 머무르는 기간 동안 얼마나 많은 관광지에 갔는지 등을 물었다. 조사 대상이 된 도시에 2주 머문 사람들은 4.4군데, 3주 머문 이들은 5.5곳의 관광지를 방문했다. 1년 이상 거주한 사람들은 3.1군데 밖에 가지 않았다. 짧게 여행 온 사람들이 장기간 거주한 사람들보다 관광지를 더 많이 돌아다닌 것이다. 왜 이런 현상이 일어났을까?

2주나 3주밖에 머물지 못한 여행자에게는 시간이 없었

다. 기쁨을 미뤄둘 만큼 여유가 없다고 느낀 것이다. 당장 즐거움을 찾기 위해 실행해 옮겼지만 1년 이상 한 곳에서 사는 사람이라면 내일도 있고 모래도 있으니, 한두 달 후에 해도 상관없다며 미뤄둘 수 있었던 것이다. 남겨진 시간이 많다고 느낄수록 의미 있는 체험을 뒤로 미루는 경향이 뚜렷이 나타났다. 사람들은 자신에게 남아 있는 시간이 많다고 느낄수록 자신이 해야 할 일, 심지어는 기쁨을 주는 일조차 뒤로 미룬다.

'시간을 어떻게 인식하느냐'에 따라 자존감도 달라진다. 자존감은 자신이 가치 있다는 믿음과 느낌이다. 자존감은 진정한 자기로 존재한다는 인식, 즉 진정성을 느낄 때 강화된다. 세상과 타인의 요구에 맞춰 살면 자존감은 낮아진다. 중년을 지나 노년으로 접어들면 진정성과 자존감 사이에 상관관계가 강해진다. 자신에게 주어진 시간이 별로 없으므로 진정성을 추구해야만 한다는 절박함도 커지기 때문이다. 자기답게 살기 위해 노력하게 되고 이것이 자존감을 높인다. 유한성에 대한 인식은 괴롭기도 하지만 진정성을 추구하도록 독려한다.

의미 있는 삶을 사는 것, 자기 자신을 가치 있게 인식하고 살아가는 것은 자신에게 주어진 시간을 어떻게 인식하느냐 하는 것과도 연결된다. 붙잡을 수도 없고 감각할 수도 없지만 시간은 스쳐 가는 찰나에도 나란 사람을 조각처럼 깎아 낸다. 하던 일을 잠시 멈추고 스스로에게 물어보자. "나에게 시간이란 무엇인가?"하고 말이다.

17

모든 것이 무의미하다고 한
쇼펜하우어조차 매일 글을 쓰며 버텼다

베토벤은 "예술이 나를 자살하지 않게 막아 주었다"라고 했다.

성취감은 어디에서 오는가

"새해 목표가 뭐예요?" 상담 말미에 환자에게 물었다. 그러자 "선생님은 어떤 걸 이루고 싶으세요?"라고 되물어왔다. 예전엔 거창한 계획을 세운 적도 있었는데 되돌아보면 크게 잡은 것일수록 제대로 지켜지지 않았다. 그러다 보니 "올해엔 대단한 걸 이뤄야지"라고 마음먹진 않는다.

우선 꾸준히 할 일 하나를 정한다. 매일 하면 좋지만 그렇게 할 수 없더라도 최대한 거르지 않고 반복하고 싶은 목표를 세운다. 사소한 것이라도 상관없다. 기상하면 곧바로 팔굽혀펴기를 5번 한다든가, 밥 먹기 전에 "감사합니다"라고 짧게 기도하는 것이면 충분하다. 반복하고 또 반복하는 게 중요하다. 성취감은 목표를 달성해야만 느낄 수 있는 게 아니다. 자신과의 약속을 지켰을 때 따라오는 느낌이 성취감이다. 하루하루 쌓인 실천들이 모였을 때 시나브로 변하는 게 사람이다.

낙담했다가도 시간이 흐르면서 마음이 단단해지는 이들을 지켜보면 그들은 작은 행동을 꾸준히 쌓아 간다는 공통점이 있다. 우울증을 잘 이겨 내는 사람은 일어나자마자 좋아하는 책을 읽는다. 날씨 탓을 하며 이불 속에 있지 않고 산책을 하러 밖으로 나간다. 대단한 행동으로 나아지는 게 아니다. 이런 작은 행동들이 쌓이고 쌓인 결과인 것이다.

목표를 여럿 세우고, 심지어 이것을 짧은 시간에 이루려고 하면 백발백중 실패한다. 올해엔 담배도 끊고 살도 빼고 근육도 키우겠다고 한꺼번에 달려들면 금방 지친다. 스트레스를 받으면 유혹을 이기는 힘이 약해진다. 얼마 가지 않아 단 것이 당기고 담배 생각이 간절해진다.

지금이라도 일년 목표를 만들 요량이면 거창한 건 접어 두고 시시한 계획을 세워 보자. "책 한 권을 쓰겠다"가 아니라 "매일 딱 한 문장만 쓰겠다"로 정해 보는 거다. "고작

한 문장은 너무 시시하잖아. 매일 A4용지 한 장쯤은 써야 지"라고 마음먹었다면 연말에 달성하지 못할 가능성이 매우 높다. 물론 잘 지키는 사람도 있겠지만 나를 포함한 대부분의 평범한 사람들은 그렇게 하지 못 한다. 다시 말하지만 일년 목표는 시시하게 잡아서 내내 유지하는 것이 훨씬 더 낫다.

가치 목표가 없으면 스트레스의 먹잇감이 된다

수험생들에게 목표가 뭐냐, 하고 물으면 수능 성적을 몇 점까지 올리고 명문 대학에 들어가고 싶다, 하는 식의 대답을 한다. 물론 이런 목표도 중요하다. 그런데 어떤 기준점에 도달하는 성취 목표가 아니라 인생의 지침이 되는 가치 목표에 대해서도 생각해 보면 좋겠다.

넓은 바다에서 배를 몰고 있다면 '내일은 제주도에 도착할 거야'라는 게 성취 목표가 된다. '컴컴한 밤하늘에 보이는 북두칠성을 따라가겠다'처럼 영원히 도달할 수는 없지만 선택의 기로에서 길잡이가 되어 주고 어떤 태도로 살아갈지를 알려 주는 것이 가치 목표이다. '친절한 사람이 되고 싶다'라거나 '열정적으로 살고 싶다'일 수도 있고 '넓고 깊게 세상을 경험하고 싶다'라는 목표도 괜찮다. '특별한 개성을 갖고 싶다'도 좋다.

의욕적인 사람은 가치 목표를 가슴에 품고 산다. '나는 어떻게 살고 싶은가?'라는 물음에 대한 자기만의 답이 있다. 삶에서 추구하는 가치 목표가 있고 더디더라도 그것을 향해 나아가고 있으면 괴롭고 힘들어도 '잘 살고 있다'라고 느낀다. 가치 목표가 없으면 스트레스의 먹잇감이 되기 쉽다. 충만한 삶을 향해 나아가도록 만들어 주는 연료가 가치인 것이다.

가치 목표는 중력과 같다. 보이지 않지만 삶을 그 방향으로 끌어당긴다. 방해물이 가로막고 있을 때에도 중력은 끊임없이 작동한다. 중력의 방향은 바뀌지 않는다. 가치 목표는 우리가 어디 있으며, 어디에서 왔고, 어디로 향하는지를 알고, 그 안에서 행동하게 만든다. 가치 목표에 맞게끔 자기를 조절한다. 가치 목표에 전념하면 세상을 더 강력하게 통제한다고 느낄 수 있다.

상반되는 목표에 맞닥뜨렸을 때 가치 목표가 행동의 방

향을 알려 준다. 친한 친구가 가구를 함께 옮겨 달라고 부탁했다. 하지만 약속한 토요일, 눈을 뜨자마자 기운이 없다는 걸 느꼈다. 집을 어둡게 해두고 혼자 조용히 있고 싶어졌다. 친구를 돕는 것과 집에서 긴장을 풀고 싶다는 것 사이에서 고민에 빠진다. 우정이라는 가치에 따라 행동한다면 친구를 돕는 쪽을 선택할 것이고, 우울한 상태에 빠지지 않는 게 중요하다고 여긴다면 재충전의 시간을 가지게 될 것이다. 가치 목표가 행동 선택의 기준이 되는 것이다.

그렇지 않아도 목표 과잉인 세상을 사느라 고달픈데 괜한 계획을 세워서 자신을 들볶지 말고 올해는 무계획을 계획으로 삼아보라고 조언하는 사람도 더러 있다. 내 생각에는 그래도 목표는 없는 것보단 무엇이든 있는 게 나은 것 같다. 달성 여부와 상관없이 꿈을 가슴에 품고 있다는 자체가 소중하다. 미래에 달라진 자기 모습을 상상해 보면 팍팍한 현실을 이겨낼 힘이 솟기 때문이다.

현실은 복잡하다, 인간은 더 복잡하다,
하지만 본질은 단순하다

'선택의 패러독스'는 단순함의 긍정적 영향력을 실증한다. 생활용품회사가 생산하는 샴푸를 26품목에서 11가지로 정리했더니 매출이 10퍼센트 더 증가했다.[56] 소비자가 선택할 수 있는 잼의 종류를 24품목에서 6가지로 단순화하자 구매율이 10배 상승했다.[57] 선택지가 많으면 사람들은 머뭇거린다. 자기가 원하는 것을 선택하지 않고 남들에게 그럴듯하게 보일 만한 것을 고른다. 상황이 복잡할수록 타인을 더 의식하고 소신껏 행동하지 못하는 것이 인간이다. 일상을 간소하게 만들고 때로는 선택의 자유도 내려놓아야 자신이 진정으로 원하는 것을 찾을 수 있다.

변화무쌍한 세계는 그 자체가 스트레스다. 사람들이 얽히고설켜 있는 사회에 적응하려면 정신 에너지를 엄청나게 소모해야 한다. 들쭉날쭉한 생활방식으로 복잡한 세상을 살면 정신건강을 잃게 된다. 사회 리듬 치료Social Rhythm Therapy, SRT는 우울증, 조울병을 치료하는 심리 기법 중 하나다. 규칙적인 수면, 적절한 수준의 대인관계, 적당한 운동 등의 생활 습관을 형성하게 도와주는 것이 치료 효과를 발휘하는 핵심 기전이다. 단순한 일상 루틴이 정서를 안정시키기 때문이다.

복잡한 기술은 마음을 다스리는 데에 실효적이지 않다. 단순 반복 행동으로도 잡념을 줄일 수 있다. 몇 달 전에 직장 상사가 자신을 모욕한 일이 갑자기 떠올랐을 때 "그때 내가 제대로 반박했어야 했는데…… 어떻게 말했으면 좋았을까?"라며 뒤늦게 후회하고 궁리하는 것보다는 콩나물을 다듬고 다리미로 바지 주름을 잡고 양말 짝을 맞추는 것이 정신건강에 훨씬 더 유효하다.

"심플하게 살기로 했다"라는 외침은 단순한 삶을 추구하겠다는 의지의 표현이기도 하지만, 욕심을 다스리겠다는 다짐이기도 하다. 더 많이 벌고 더 많이 쓰고 더 많이 소유하려는 욕망이 커질수록 자아로부터는 소외된다. 장자는 이를 꼬집어 다음과 같이 말했다. "너무 많이 가지면 자기를 잃고 적게 가지면 자신을 발견한다." 그저 사치하지 말라는 일갈은 아닐 테다. 소비할 때도 자기와 잘 어울리는 최고의 것을 선별할 줄 아는 소양을 키우는 것이 더 중요하다는 의미일 것이다.

말도 간결하면 좋다. 타인의 말을 집중해서 들을 수 있는 시간은 대개 20~30초 정도다. 이 시간이 넘어가면 사람들은 딴생각을 하고 자기가 하고 싶은 말을 떠올린다. 복잡한 말은 기억에 남지도 않는다. 상대방이 내게 공을 한꺼번에 네댓 개씩 던지면 받을 수 없다. 하나도 못 잡고 다 놓칠 수도 있다. 말도 똑같다. 정돈된 단 하나의 메시지라야 마음에 남는다.

"단순함이 궁극의 세련미이다"라고 레오나르도 다빈치는 말했지만, 그냥 단순하기만 해서는 아름다울 수 없다. 복잡한 것이 분명한데도 이것이 아주 단순하게 표현되어야 한다. 장황한 설명, 덕지덕지 들러붙은 장식으로 노고를 드러내지 않고 어떤 고난에도 짓눌림 없이 가뿐하게 존재하는 대상을 보면 우리는 아름다움을 느낀다. 겉으로 드러나는 간결함이 지난한 노력을 통해야만 얻을 수 있는 가치임을 직관적으로 알아채기 때문에 아름답다고 인식하는 것이다.

현실은 복잡하다. 인간은 더 복잡하다. 하지만 본질은 단순하다. 삶도 그렇다. 인생은 복잡한 일투성이지만 궁극적으로 우리가 추구하는 건 언제나 단순하다. 행복, 성장, 친절, 가족, 사랑, 용기, 인내, 겸손……. 혼란한 세상에서 갈피를 못 잡고 우왕좌왕할 때 나에게 나침반이 되어 줄 가장 중요한 가치는 무엇일지 생각해보았으면 한다.

인생의 의미와 인생 '안'에서의 의미

우울증에 걸린 청년들과 대화하다 보면 이런 항변을 종종 듣는다. "선생님이 아무리 설득해도 결국 우리는 모두 죽을 것이고, 죽고 나면 아무것도 남지 않으니 열심히 살아 봐야 소용없는 거잖아요!" 이건 자기 나름대로 삶의 의미를 발견하기도 전에 삶으로부터 눈을 돌리는 것이나 마찬가지다. 의미 있는 삶을 사는 것에 실패한 것이지, 삶 자체가 의미 없다고 단정할 수는 없다. 죽으면 무의미해지는 것이 아니라 죽음조차 뛰어넘을 수 있는 의미를 아직 찾지 못한 것뿐이다.

의미 찾기가 부질없다고 말하는 이들에게 흔한 또 다른 문제는, 그들이 목적론적 삶에 지나치게 경도되어 있다는 것이다. 목적 달성을 못 하면, 과정과 노력은 다 부질없고 소용없다는 식이다. 삶은 여정이다. 과정 자체를 얼마나 충실하게 사느냐가 삶의 의미를 느끼는 원천이다. 목적론적인 가치관에 치우친 이는 어차피 인생의 결론은 죽음이므로 살아가는 과정에 충실해야 할 이유를 찾지 못한다.

삶이 무의미하다는 생각에서 벗어나지 못하는 사람들은 거대한 우주적 관점에서 자신을 바라본다. 이런 관점을 취하면 모든 것이 허무해진다. 거창한 것을 추구하면 무의미의 함정에 쉽게 빠진다. 하루하루 사는 것도, 성취하는 것도, 성취하기 위해 노력하는 것도 부질없는 행위다. 우주적 관점에서는 모든 것이 티끌보다 못하니까 말이다. 죽음 뒤에도 지속되는 거대한 성취를 일궈내야만 의미가 있다고 여긴다면 살 필요조차 없어진다.

한창 공부하고 일하고 연애해야 할 청년이 "사는 게 의미가 없어요"라고 말하면 탁하고 맥이 풀린다. 그저 묵묵히 듣고 있게 된다. "삶은 소중한 거야!"라고 소리 높여 설득하려 해도 어차피 죽음으로 끝나는 게 인생인데 영원한 의미란 없는 게 아닐까 하는 생각이 내 마음에도 스치기 때문이다.

인생을 심오하게 만드는 우주적 의미란 사실 존재하지 않는다. 삶에 절대적 의미가 어디 있겠는가? 어떤 목적을 위해 인간이 존재하는가? 왜 우리는 여기에 존재하는가? 이런 질문에는 답하기가 무척 어렵다. 누구도 알 수 없고, 아무리 고민해도 현세에서는 답을 얻기가 불가능하다. 형이상학적 사고로만 의미를 찾으려 하면 바람에 쉬이 흩어지는 구름처럼 삶은 덧없게 느껴진다.

인생 자체는 비록 무의미하게 끝나더라도 우리가 인생 안에서 의미를 느끼며 살아갈 수는 있다. 의미를 갖지 않는 우주에서 의미를 필요로 하는 인간이 의미를 어떻게 발견할 수 있을까?

'인생의 의미'와 '인생 안에서의 의미'라는 두 가지 측면으로 나누어 질문하고 답을 찾아야 한다. 인생 안에서 의미를 찾는다는 건 의미가 있다고 느껴지는 것을 발견하고 그것을 체험하는 삶을 사는 것이다. 비록 인생 전체의 의미는 알 수 없을지라도 인생 안에서는 의미 있게 살 수 있다. 이런 관점으로 의미 있게 살면 인생은 의미 있어진다. 죽음으로써 인생이 무의미해진다고 하는 것은 인생 전체의 의미를 따졌을 때만 그렇다. 인생이라는 원 안에서 우리는 충분히 의미를 찾을 수 있다.

인생 자체의 절대적 목적을 묻는 것이 아니라 "우리가 매 순간 살아가는 삶 속에 어떤 의미가 있을까?"라고 질문을 바꾸어 묻자. 주어진 인생에서 어떻게 살아가야 의미 있다고 느낄까? 보람찬 인생이라고 느끼기 위해 지금 나는 무엇을 해야 할까? 우리는 이렇게 묻고 행동으로 답해야 한다.

모든 것이 무의미하다고 한 쇼펜하우어조차도 글을 쓰고 대화하는 것은 하루도 놓지 않았다. 베토벤은 "예술이 나를 자살하지 않게 막아 주었다"라고 했다. 요리, 글쓰기, 미술, 가드닝…… 세상의 모든 창조적 활동이 삶을 지탱해 준다. 위대한 업적을 이루지 않아도 된다. 자기에게 주어진 쓸모, 진정 원하는 것을 꾸준히 실천하면 된다. '얼마나 큰 삶을 살아 낼 것인가'가 아니라 '내게 주어진 원을 채우는 일'을 소홀히 하지 않아야 한다.

자기만의 독창성을 발휘하는 것, 이것이 진정한 의미 구현이다. 개성을 살리면 된다. 맹목적으로 유행을 따르고 사회와 조직에 복종하면 공허와 허무가 벌칙처럼 따라온다. 삶이 무의미하다는 생각에 갇혀 버린다. 잠재력을 실현하지 않은 채 자기 안에 남겨 두면 죄의식을 느끼게 된다. 삶에서 응당해야 할 것을 하지 않은 것에 대한 죄이다. 실존적 죄의식이다. 자신이 되어 갈 수 있는 어떤 것을 희생하기 때문에 겪어야만 하는 고통이다.

18

"내가 이럴 줄은 나도 몰랐어"
자기 복잡성의 비밀

우리 마음에는 '나'라는 이름을 가진 다수의 '내'가 존재한다.

당신은 얼마나 다양한 모습을 갖고 있는가

예전에 교장 선생님 모임에 초대를 받아 강의를 한 적이 있다. 그때 농담처럼 이렇게 말했다. "학교 밖에서도 교장 선생님인 거 금방 티가 나면 인생 망한 거예요." 좀 과한 농담이다 싶겠지만 본캐('본래 캐릭터'의 줄임말) 하나만 갖고 버티다가는 사회적으로 낙오되기 십상이란 걸 강조한 것이었다.

상상해 보자. 학교에서 교장 선생님이 집에서도 교장 선생님처럼 행동하고, 쇼핑할 때도 교장 선생님처럼 점원을 대하고, 친구를 만나도 교장처럼 굴고, 식당에 가서도 교장 선생님이라는 것을 팍팍 티 내가며 주문한다면 과연 그 모습이 어떻게 비칠까? 주변 사람들은 어떻게 느낄까? 이런 사람과 친해지고 싶을까? 한 가지 모습만 고집한다면 급변하는 세상에 제대로 적응할 수 있을까? 험난한 세상, 부캐('부캐릭터'의 줄임말, 본래 캐릭터가 아닌 또 다른 캐릭터) 없이 살아남기 힘들어졌다.

한 사람이 한 가지 일관된 모습이어야 한다고 강요받던 시대에서 다양한 캐릭터로 변신하며 살 수밖에 없는 세상으로 바뀌었다. 일관된 정체성이 정상이고 다중적인 것을 비정상이라고 규정하던 때는 지났다. 부캐는 유행을 넘어 자연스러운 생활양식이 되었다. 경기 침체로 한 직장에만 매달려서는 생존이 담보되지 않으니 다양한 부캐 직업이 필요해졌다. 코로나바이러스로 무미건조해진 일상에서 색다른 재미를 찾으려고 새로운 부캐를 만들어 내기도 한다. 그렇다고 "직업을 하나 더 갖는다" 혹은 "다양한 취미를 즐긴다"라고 부캐의 개념을 한정해서는 안 된다.

"나는 누구인가? 내가 잘하는 일은 무엇이며 가족과 사회에서 어떤 역할을 하는가?" 이 물음에 대한 답으로 자기 자신에 대한 인식을 엿볼 수 있다. "나는 정의롭다. 나는 따뜻하고 친절한 사람이다. 나는 훌륭한 정치인이다. 나는 요리를 잘한다. 나는 좋은 아빠다"처럼 자기 장점과 역할, 능력을 어떻게 인식하고, 그리고 그것을 긍정적 혹은 부정적으로 평가하는지에 따라 자기 개념이 형성된다. 다양한 역할, 관계, 행동, 상황을 체험하면서 우리는 자기 정체성을 복합적으로 개념화해 나간다. 한 사람의 정체성은 수많은 자기 개념이 모여 만들어지는 구성물이다.

한 사람의 정체성을 이루는 자기 개념이 얼마나 복합적으로 구성되어 있는가, 하는 것을 일컬어 '자기 복잡성^{Self-complexity}'이라고 정의한다.[58] 분별력 있게 표상되는 자아의 다양성에 따라 자기 복잡성의 수준이 결정된다. 한 사람 안에 자기 개념이 많고, 각각이 선명하게 구분되어 서로에게 영향을 적게 미칠수록 자기 복잡성은 높아진다.

무서운 아내이면서 다정한 엄마이고 전문 번역가로 성실하게 활동한다면 이 사람의 내부에는 적어도 세 가지 이상의 자기 개념을 갖는다. 이웃의 아픔에 공감하고, 친구를 잘 도와주고, 인터넷 카페에서 리더십을 발휘하고 있다면 자기 복잡성은 더 커진다. 교수 직함을 가진 한 남자가 집에서도 교수 역할 놀이에만 빠져서 아이와 아내를 가르

치려고만 하고, 다른 취미 생활도 없이 휴일에도 연구실에만 콕 박혀 있다면 자기 개념은 단순해지고 자기 복잡성은 낮아진다.

린빌의 실험
: 자기 복잡성이 높을수록 좌절하지 않는다

자기 복잡성은 스트레스와 우울증에 대한 보호 인자다.[59] 예일 대학의 심리학자 패트리샤 린빌은 재미있는 실험을 진행했다. 실험 참가자에게 성격 기질 특성을 묘사하는 인덱스 카드 33장을 보여 주면서 상황에 따라 자신의 특성을 잘 묘사한다고 여겨지는 카드를 모두 선택하게 했다. 예를 들어 친구와 어울릴 때 자신을 묘사하는 형용사(편안하다, 부드럽다, 감정적이다, 유머 감각이 있다 등)를 선택하고, 자신의 나쁜 기질이라고 생각하는 형용사(게으르다, 충동적이나, 성실하지 않다 등)도 고르게 했다. 이 실험에서 자신의 특성을 묘사하는 카드를 다양하게 선택하고, 각 상황마다 중첩되는 정도가 적으면 자기 복잡성이 높은 것으로 평가했다. 이렇게 피험자의 자기복합성 정도를 측정한 뒤에 논리력 검사를 시행했다. 연구자들은 논리력 검사에서 피험자가 실제로 획득한 점수와 상관없이 "당신의 논리력 검사 결과가 상위 10퍼센트에 속합니다" 또는 "하위 10퍼센트에 해당합니다"라고 거짓으로 알려 주었다.

자기 복잡성이 낮은 사람은 자기 복잡성이 높은 사람보다 거짓으로 알려 준 논리력 검사 점수에 더 민감하게 반응했다. 자기 복잡성이 낮은 사람은 자신의 논리력 검사 결과가 하위 10퍼센트에 속한다는 피드백을 받으면 기분이 부정적으로 떨어지는 정도가 자기 복잡성이 높은 사람에 비해 컸다. 자기 자신에 대한 인식이 부정적으로 변하는 수준도 더 컸다. 자기 복잡성이 높은 사람은 부정적인 평가 결과를 받더라도 덜 우울해하고 자신에 대한 실망도 덜했다.

자기 복잡성이 높아지면 스트레스를 받더라도 다양한 자기 개념을 활용해서 정체성을 보호할 수 있다. 비록 좌절을 겪은 뒤에 한 가지의 자기 개념이 손상되더라도 다른 영역의 자기 개념을 활용해서 자존감을 유지한다.

'능력이 뛰어난 직장인'이라는 자기 개념에 과도하게 의존하는 사람은 회사에서 인사고과를 낮게 받거나 승진에 실패했을 때 더 심한 타격을 받는다. '나는 아이들에게 좋은 엄마다'라는 자기 개념만으로 자기 정체성을 규정하는 여성은 자녀와의 관계가 나빠졌을 때 크게 상심한다. 좋은 엄마이면서 '다른 사람들을 즐겁게 만드는 재주가 있고, 피아노를 칠 줄 알고, 성당 구역 모임에 적극적으로 참여하고, 남편보다 산을 더 잘 탄다'라고 자신에 대해 다양한 이미지를 갖고 있다면 빈둥지증후군에 시달릴 가능성이 적다.

새로운 사람을 만나고 낯선 곳으로 여행을 떠나고 평소 듣지 않던 클래식 음악에도 관심을 기울이면 자기 복잡성은 커지고 스트레스를 받아도 우울증에 빠지지 않는다. 밤낮으로 회사 일만 하면 자기 복잡성은 점점 줄어든다. 자아를 분화시켜야 한다. 현실이 강요하는 역할에 묶여 꼼짝할 수 없다면 자아를 분화시킬 수 없다. 복잡하게 살아서 힘든 것이 아니라 한 가지 역할만 하도록 강요받기 때문에 힘든 것이다. 학생이라면 성적, 회사원은 직위, 사업가는 돈. 이 같은 단순한 기준으로 사람의 가치를 평가하는 세상은 사람을 숨 막히게 만든다.

한 가지 자아상에만 자기를 동일시하고 다른 것들을 제
외시키고 살아간다면 배만 볼록 나오고 팔다리는 근육 하
나 없이 가늘어진 몸으로 살아가는 것과 다를 바 없다. 주
식만 분산 투자하는 것이 아니라 우리의 에너지도 다양한
자기 개념들에 골고루 나누어 쏟아부어야 한다.

하나의 '나'는 없다, 영원한 '나'도 없다

한 사람의 정체성 안에는 서로 모순적인 자기 개념들이
공존한다. 토끼 같던 아내가 아들을 가르칠 때는 호랑이가
된다. 집에서는 퉁명스럽게 행동하지만 회사에서는 다정
다감하다고 평가받는 사람도 있다. 교회에서 설교 듣고 기
도할 때는 자신이 이웃을 사랑하는 사람이라고 믿지만, 실
제로는 길바닥에 쓰러진 사람을 보고도 그냥 지나쳐 버리
기도 한다. "이중적이다"라거나 "겉과 속이 다르다" 아니면
"속이 음흉하다"라고 욕할 것 없다. 인간은 너나없이 다 그
렇다. 상황에 따라 '나'라는 사람을 대변하는 자아가 다르

다. 단 하나의 자아로 자기 정체성 전체를 규정할 수 없다.

오랫동안 보지 못했던 어린 시절 친구를 만났는데 "옛날의 네 모습이 아니네. 너 많이 변했다!"라는 말을 들어 본적이 있을 것이다. 마치 과거의 모습이 본캐고, 시간이 흘러 달라진 지금 모습은 부캐에 불과한 게 아니냐는 까발림일 수도 있고, 너무 변한 모습에 놀라움을 표현한 것일 수도 있다. 시간이 흘러도 변하지 않고 한결같은 사람은 없다. 불변의 자아는 없다는 얘기다. 물론 과거의 모습도 '나'다. 시간이 흐르면서 더 많은 사람을 만나고 더 많은 체험을 하면서 자아는 분화한다. 오히려 어린 시절 모습을 나이 들어서도 그대로 유지하고 있다면 과거에 묶여 성장하지 못한 것이다.

부캐 역할에 충실한 사람을 두고 "가식적이다", "이미지 포장한다"라며 비아냥거리기도 한다. 다중인격자라며 한 사람의 근본을 문제 삼기도 한다. 그래서는 곤란하다. 상대에 따라 상황에 따라 다른 역할을 하는 것이 당연하다. 오히려 맥락과 상관없이 똑같기를 요구하는 것이 사람을 숨막히게 만드는 일이다. 다양한 캐릭터로 변신할 수 있어야 변화하는 환경에 적응할 수 있다. 우리 모두는 자신을 더 입체적으로 가꾸어야 한다.

겉보기에는 부지런하지만 속은 매우 게으른 사람도 있다. 일에는 성실하지만 내면을 돌보는 데는 게으른 사람, 세상 이야기는 열심히 듣지만 마음의 소리를 듣는 것은 귀찮아하는 사람, 자기 욕구를 채우는 데는 부지런을 떨면서도 다른 사람을 돌보는 일은 외면하는 사람, 커리어는 부지런히 쌓아 올리면서도 인격을 쌓는 데는 느려터진 사람도 넘쳐난다. 이성은 빠릿빠릿하게 돌리면서 감정의 흐름은 막아 버리는 사람도 흔하다.

겉으로 부지런을 떠는 것이 내면에 숨겨진 두려움을 감추려는 행동일 수 있다. 아무 일도 하지 않고 멍하니 있는 것처럼 보여도, 마음의 동굴로 들어가 자기 무의식을 탐색하는 중일 수도 있다. 노력과 게으름은 동전의 양면이다. "나는 부지런하다"라고 단언해서도 안 되고 "너는 게으르다"라고 비난해서도 안 된다. 겉으로는 부지런해 보여도 내면적으로는 무척 게으를 수 있고, 겉으로는 게을러 보여도 속으로는 부지런히 인격을 다듬고 있을 수도 있으니 말이다.

인간이란 본질적으로 단순하지 않다. 단순하게 만들 수

도 없다. 복잡함이 인간의 고유한 특성이다. 우리 마음에는 '나'라는 이름을 가진 다수의 '내'가 존재한다. 다양한 모습의 자아를 구축할 수 있는 수많은 밑그림이 이미 마음 안에 존재한다. 자기 안에 있는지도 몰랐던 자아가 어느 순간 목소리를 크게 내면 "내가 이렇게 행동할 줄은 나도 몰랐어!"라며 스스로 깜짝 놀랄 수 있다. "이런 모습은 내가 아니야"라고 부정할 수도 있다. 이럴 때 놀라거나 거부하지 말고 "내가 몰랐던 또 다른 나를 발견했구나!" 하고 호기심을 갖고 관찰해 보자.

불교에서 말하는 것처럼 자아는 존재하지 않을 뿐 아니라 단 하나의 진정한 자아라는 개념은 허상에 불과하다. 진짜 나는 하나가 아니라 여러 개일 수도 있다. 오래전 유행가 가사처럼 "내 안에는 내가 너무도 많다." 다양한 자아 중에서 "무엇이 진짜이고 무엇은 가짜이다"라고 할 수 없다. '나'라는 사람은 다양한 자아의 총합이다. 나를 이루는 다양한 자아 중에 일부만 인정하고 어떤 것은 못마땅하다며 부정할 때 심리적 문제가 생긴다.

100퍼센트 선하지도, 100퍼센트 악하지도 않다

또 한 가지 많은 사람들이 착각하는 것이 있다. 악한 인간과 선한 인간이 분명하게 구별된다고 믿는 것이다. 그러나 인간은 선하지도 악하지도 않다. 항상 좋은 사람, 항상 나쁜 사람은 없다. 악하면서 선한 것이 인간 본성에 대한 가장 정확한 표현이다.

옳고 그름으로 쉽게 나눌 수 없는 회색지대가 인간의 내면에는 무척 넓다. 이 회색지대는 검은색으로 쉽게 변한다. "나는 검게 변하지 않을래"라고 아무리 의지를 다잡아도 자기도 모르는 사이에 그렇게 될 수 있다. 체면 유지를 위해, 경쟁에서 이기기 위해, 돈을 더 벌기 위해, 더 높은 위치에 오르려고 부정을 저지른다. 누구도 이런 위험에서 자유로울 수 없다. 극단적으로 착한 1퍼센트와 극단적으로 부정직한 1퍼센트를 제외한 나머지 사람들은 평소에는 착하게 살다가 어쩔 수 없이 부정을 저지르기도 하며, 거짓말로 그것을 정당화하기도 한다.

우리는 자기 이미지를 좋게 만들고 그것을 지켜 나가기 위해 필사적으로 노력한다. 긍정적으로 구축해 둔 자기 개념이 훼손될 위험에 처하면 발버둥을 친다. 자신이 지키고 싶은 자기 개념에 부합하는 사실은 과장한다. 그렇지 않은 것은 윤색하거나 부정한다. 아예 없는 것처럼 기억에서 지워 버리기도 한다.

이렇게 변질된 자기 개념을 사실이라고 자신을 속이기도 한다. 자기 기만을 해서라도 통제력을 되찾으려는 것이다. "나는 절대로 아니다. 아무리 체면이 깎이고 자존심이 상해도 거짓말 따위는 하지 않는다"라고 말할 수도 있겠지만 실제로 그런 사람은 존재하지 않는다. 이렇게 말하는 사람은 또 한 번 더 자기 자신에게 속고 있는 것일지도 모른다. 자기가 자신을 속이고 있는 것이기도 하다.

겉으로는 이성적인 판단에 따라 행동하는 것처럼 보여도 실제로 사람은 자기 직관과 감정에 따라 행동한 뒤에 이성으로 합리화한다. 생각하고 행동하기보다는 행동한 뒤에 이유는 나중에 만들어 낸다. 부정을 저지른 뒤에도 똑같다. 그럴듯한 말로 자기 행동을 꾸밀 수 있는 사람은 죄책감도 안 느끼고 긍정적인 자기 개념을 유지할 수 있다. 마음도 평온하게 지킬 수 있다. "자기 자신에게 불리한 사태를 알아차린 한 인간이 어떻게 해서든 반대의 사태를 믿

고 마음의 평화를 얻으려고 하는 것"이다.[60]

정치인이 거짓을 진실인 양 천연덕스럽게 말하는 것을 보고 "어떻게 저럴 수가 있지!"라며 경악한다. 하지만 인간은 누구나 그렇다. 인과론적 설명을 꾸며 내는 재주가 뛰어난 게 인간이다. 세상에서 벌어지는 온갖 일의 원인은 셀 수 없이 많다. "왜 그렇게 했느냐?" 하는 물음에 대한 답도 우리의 상상력만큼 다양하게 만들어낼 수 있다. 잘못을 저질러도 "내 잘못이다"라고 인정하기보다 정당화하기가 쉽다. 잘못을 저지르고 거짓말로 세상을 속여도 자기를 정당화한 뒤에 그것을 진실이라 믿으면 죄책감 느끼지 않고 발 뻗고 잠을 잘 수 있다.

자신은 언제나 있는 그대로의 진실만을 말하며 (자기 자신을 포함해서) 누구에게도 거짓말을 하지 않는다고 믿으면 오히려 문제가 생긴다. 자기 확신이 강할수록 자기 과오를 인정하지 않을 가능성이 높다. 자신에게는 선하고 고결한 동기밖에 없다고 스스로를 설득하기 때문에 누구의 말도 듣지 않는다. 자기가 자신을 속이고 있는지조차 모른 채 남 탓만 하면서 자신에겐 진실만 가득하다고 믿는 사람에겐 개선의 가능성조차 없다.

19

갈등은
푸는 것이 아니라 품는 것

"갈등이 없어야 정상이다"라고 믿을수록
사람에 대한 실망과 미움만 커진다.
갈등을 삶의 한 부분으로, 그리고 당연한 것으로 받아들일 수 있어야 한다.

마법의 구슬이 있어도 불가능한 것

　사람이 괴로운 것은 거의 대부분 사람 때문이다. 사람과 사람 사이에서 살아가는 한 괴로움은 어디에서든 존재할 수밖에 없고, 그러니 갈등 없는 세상에서 사는 것은 죽어서나 가능한 일이다. 갈등은 푸는 것이 아니라 품고 가는 것이라고 말하는 게 맞다. 갈등을 모두 풀고 대통합에 나서겠다는 말은 듣기에는 좋아도 현실이 될 수는 없다. 사람마다 원하는 것이 다르고, 성격도 다르고, 가치관도 다르고, 살아가는 방식도 다른데 현실에서 어떻게 갈등이 없을 수 있겠는가.

당신에게는 마법의 구슬이 있다. 이걸 손바닥으로 문지르면 칼 같은 말을 휘두르며 다퉜던 사람과 언제 그랬냐는 듯이 서로를 좋아하게 된다. 자, 이제 마음속으로 당신을 교묘하게 괴롭히는 직장 상사나 동료를 떠올려 보자. 아니면 서로 격렬하게 싸우며 상처 줄 대로 준 친구나 누군가를 생각해도 좋다. 당신은 그와 다시 어울리기 위해 마법의 구슬을 쓸 의향이 있는가?

갈등하고 반목하며 원망하고 미워했던 사람이 내게도 있었다. 그를 떠올리면서 이런 상상을 했더니 마법의 구슬을 문지르기는커녕 집어 던져버리고 싶었다. 이미 겪어 봤기 때문에 화해를 해도 또다시 싸우게 될 게 뻔해 보였다. 인간관계에서 빚어진 마음의 앙금은 쉬이 아물지 않았다.

말머리가 부족하고 사회성이 떨어져서 고질적인 갈등에 시달리는 게 아니다. 대인관계를 매끄럽게 풀어가는 요령이 서툴러서도 아니다. 그저 화해하고자 하는 욕망 자체가 없기 때문이다. 겉으로는 "신뢰를 회복하고 하나가 되겠다"라고 웅변해도 진심은 그 사람과 원만하게 지내고 싶은 마음 자체가 없기 때문에 갈등이 풀리지 않는 것이다.

해결되지 않는 갈등에 오랫동안 묶여 있는 이들의 마음

속엔 확신이 있다. 자신의 주장이 상대보다 더 정당하다는 확신이다. 그래서 치열하게 다퉈서라도 자신이 옳다는 걸 증명하고 싶어 한다. 상대를 향한 적대감이 클수록 '내가 그 사람보다 도덕적으로 우월해'라는 믿음도 견고하다. 그 사람을 인간적으로 경멸함으로써 짜릿함을 느끼기도 한다. '저 사람은 나빠!'라는 믿음에 휩싸여 자기 감정을 거리낌 없이 분출할 수 있으니 후련함까지 맛본다. 이런 상태에서 갈등을 해결하려는 순수한 동기가 생길 리 없다.

말조심을 시키고 의사소통 기술을 가르쳐 주어도 이런 상태의 갈등은 풀리지 않는다. '본질적 갈등'이라 그렇다. 기본적인 신뢰가 무너진 상태에서 일어난 다툼을 두고 본질적 갈등이라고 한다. 이럴 때는 사소한 갈등은 못 본 체하고 지나가는 것도 필요하다. 적당히 회피하는 것도 관계를 더 망가뜨리지 않기 위한 방법 중 하나이다. 설익은 해결책으로 섣부르게 풀려고 덤벼들면 오해가 더 쌓인다.

이런 상황에 처했다면 갈등의 완전한 해소를 목표로 삼아서는 안 된다. 섣부른 욕심을 내기에 앞서 그렇게 되고자 노력하려는 순수한 마음을 회복하는 게 먼저다. 갈등에서 한시도 벗어나지 못하고 사는 우리가 도달할 수 있는 최선도 어쩌면 딱 거기까지일지 모른다. "갈등이 없어야 정상이다"라고 믿을수록 사람에 대한 실망과 미움만 커진다. 갈등을 삶의 한 부분으로, 그리고 당연한 것으로 받아들일 수 있어야 한다.

그럼에도 불구하고
다른 사람의 마음을 바꿔야 한다면

갈등을 당연한 것으로 받아들이는 것과 별개로 상대방의 마음을 바꾸고 싶은, 또는 바꿔야 하는 상황은 생길 수밖에 없다. 하지만 다른 사람의 뿌리 깊은 생각을 바꾸는 것은 대단히 어려운 일이다. 불가능에 가깝다. 믿음이나 신념이 강한 사람이라면 더욱 그렇다. 신념의 발생 계통을 따라가 보면 나름의 이유와 합리성이 있다. 그런데 타인의 그런 생각을 고치라고 한다면 어떻게 될 것 같은가? 더 변하지 않으려고 저항한다. 사람은 자신의 자유가 침해받고 도전받는다고 느끼면 자신이 가진 생각과 행동을 더 높게 평가한다. 심리적 역반응$^{Psychological\ reactance}$이 일어나는 것이다. 그러니 옳은 말로 타인을 변화시키려 밀어붙여서는 안 된다. 논리와 언어로 타인을 장악하려는 욕심은 버려야 한다.

사람이란 자신이 옳다고 믿는 것조차 그대로 실천하지 못한다. "다른 사람을 돕자", "고운 말을 쓰자"라고 스스로 얘기하면서도 이런저런 핑계를 대며 실천하지 않는다. 행동이 항상 합리적인 것도 아니다. 합리성을 놓고 따져 보면 건강을 위해 술을 끊고, 운동을 열심히 하고, 건강식으로 식사를 하고, 제때 건강검진을 받아야 하지만 보통 사람들은 그렇게 하지 않는다. 사실상 제대로 하지 못하는 것이 더 보편적이다.

자기 자신을 포함해 누구나 인정하는 합리적인 지침조차 따르지 못하는데 하물며 타인이 "내 말이 옳으니 받아들여라"라고 했을 때 그 말에 감동을 받아 고분고분 따를 사람이 몇이나 될까? 자기 마음에서 옳다고 믿는 것조차 제대로 실천하지 못하는데 남이 하는 말에 따라 순순히 행동을 바꿀 리가 없다.

사람들에게는 청개구리 심보가 있다. 아무리 좋은 말도 다른 사람이 자꾸 강요하면 반발심이 생긴다. 앞에서도 언급한 심리적 역반응이다. 사람은 개인의 자유가 침해받는다고 느끼면 오히려 제한받은 행동에 대한 매력이 커져서 그 행동을 하고 싶은 마음이 더 커진다. "술 마시지 마라"라고 하면 술을 더 마시고 싶어지는 것과 비슷하다.

우리의 일상에서 다른 사람에게 자신의 생각을 주입시키기란 대단히 어려운 일이다. 누군가의 생각이나 믿음을 다른 무언가로 변화시키려는 시도는 효과가 없을 뿐 아니라 부작용만 초래한다. 비록 한 사람의 생각이 역기능적이고 자기 자신에게 도움이 되지 않더라도, 그러한 생각이 존재하는 데에는 응당한 근원이 있게 마련이다.

사람이 가진 뿌리 깊은 생각(옳고 그름을 떠나)의 발생 계통을 역추적해 보면 나름대로의 합리적 존재 이유가 있다. 고집스럽게 유지하는 생각에는 그것을 뒷받침하는 개인적 경험과 에피소드가 강력하게 자리 잡고 있다. 한 개인이 가진 역사적 산물로서의 생각은 옳은 말과 합리적인 논리로 변화시킬 수 있는 것이 아니다. 심지어 다른 사람이 보기에는 비합리적이고 아무 도움 되지 않는 생각인데도 그것을 의식에서 제거하거나 보다 올바른 생각으로 대체하려 하면 더 역기능적인 저항만 불러일으키게 된다.

따뜻한 비논리가 심장을 찌른다

진료실에서 상담을 하다 보면 이런 환자나 환자 가족을 보게 된다. 이론의 여지가 거의 없는 진단이나 치료인데도 끝까지 받아들이지 않다가, 점쟁이가 굿을 하면 낫는다고 하니 거기에 치료비의 수십 배, 아니 수백 배의 돈을 써버리는 경우다. 이런 극단적인 예가 아니라도 옳은 말, 논리, 필수, 이성, 객관, 정당함, 합리성만으로는 사람의 마음을 돌려놓을 수 없음을 종종 확인한다. 환자의 마음을 움직일 만한 실력을 갖추지 못한 것이 가장 큰 이유겠지만, 또한 사람의 마음을 진정으로 흔드는 것은 이성과 객관이 아님을 절감한다. '차가운 논리'가 아니라 '따뜻한 비논리'가 심장을 찌를 때가 더 많다.

영국의 철학자 데이비드 흄이 단언했듯이 "논쟁에 들어간 사람들은 어느 쪽도 추론을 통해서 자신의 신조를 끌어내지 않는다. 따라서 정에 호소하지 않는 논리를 가지고 상대방이 더 올바른 원칙을 받아들이도록 설득할 수 있으리라 기대하는 것은 헛된 일이다."[61]

하루 동안 감정을 최대한 배제하고 이성과 논리만을 활

용해서 식구들에게 옳은 말만 한다고 생각해 보자. 자신도 모르는 사이에 식구들의 마음에 상처를 주고 있을 것이다. 자신이 하는 말만 놓고 보면 아마도 틀린 말은 없을 테지만, 가족들은 "어떻게 그런 말을 할 수 있냐"며 화내는 일이 더 많아질 것이다. 못 믿겠다면 직접 해봐도 좋다.

아리스토텔레스는 이미 수천 년 전에 말한 바 있다. 파토스, 즉 감정에 호소하지 않으면 에토스(윤리)와 로고스(논리)는 아무 힘을 발휘하지 못한다고 했다. 타인과 상호작용하기 위해서는 논리와 언어 시스템만을 활용해서는 안 되고 정서와 감각 시스템을 반드시 같이 활용해야 한다. '정'을 중요시하는 한국에서는 더욱 그렇다.

영국에서 시행한 한 연구 결과를 보자. 연구진은 여성 피험자에게 자신의 아이와 사랑하는 사람이 담긴 사진을 보여 주고 뇌기능 자기공명영상으로 뇌 활성도의 변화를 측정했다. 그다음으로 피험자가 모르는 아이와 어른의 모습이 담긴 사진을 보여 준 뒤에 같은 측정을 했다. 전자의 경우 후자와 다르게 유대감을 촉진하는 옥시토신 수용체가 분포하는 뇌 영역이 활성화되었다. 당연한 결과다. 그런데 자신의 아이와 사랑하는 사람의 사진을 보여 주었을 때 상대방의 의도를 이성적으로 해석하고 판단하는 뇌 영역의 활성도가 동시에 저하되는 특징을 보였다.[62]

생생한 감각 경험과 정서가 유발되어야만 다른 사람의 마음을 흔들 수 있다. "당신 말을 들으니 그것이 실제로 눈앞에서 당장 일어날 것 같은 느낌이 들어요"라고 해야 설득에 성공할 가능성이 높아진다.

데보라 스몰 교수가 이끄는 펜실베이니아 대학 와튼 스쿨 연구팀은 피험자에게 "어떤 물체가 분당 약 1.5미터의 속력으로 이동한다고 하면 360초 동안에는 얼마나 이동하겠는가?"와 같은 이성적인 분석 과제를 내주었다. 다른 그룹에는 "아기라는 단어를 들었을 때 어떤 기분이 드는가?"와 같이 감정을 불러일으키는 과제를 주었다. 그런 뒤에 두 그룹의 피험자에게 아프리카에 사는 일곱 살 소녀가 가난과 기아에 시달리고 있다는 내용을 담은 기부 요청 글을 읽게 했고, 그런 뒤 두 그룹의 기부 금액을 확인했다. 이성적인 분석 과제에 집중한 피험자 그룹의 기부 금액은 1달러 19센트에 그쳤지만, 감정을 고양시킨 피험자 그룹은 거의 그 두 배에 해당하는 2달러 34센트를 기부했다.[63]

관대하게, 따뜻하게, 상대를 존중하는 것

대화 중에 상대방의 주장을 받아들이기 어렵다고 느낄 때에도 (만약 대화는 계속해야 하는 상황이라면) 논쟁의 이슈에 집착하기보다는 상대가 어떤 사람인가를 상상하면 도움이 된다. 상대가 하는 말은 도저히 받아들일 수 없더라도 그 사람의 인생 이야기는 관대하게 받아들일 수 있을 때가 있다. 그의 인생사를 들어보면 '아, 그렇게 살았구나. 그래서 그런 생각을 하는구나. 그 사람이 이렇게 말할 수밖에 없겠구나!' 하고 납득하게 된다. 그러면 상대에 대한 호의적인 감정이 생기게 되고 서로가 서로의 관점을 받아들일 가능성도 높아진다.

'언제나 나는 옳다'는 생각을 갖고 이를 타인에게 강요하는 것은 정말 해롭다. 자신과 주위 사람들에게 정신적 피로감만 불러일으킨다. 괜히 힘만 축내고 관계는 나빠진다. 타인의 마음을 움직이고 싶다면, 강요할 것이 아니라 상대의 감정을 움직여야 한다. 손 한 번 잡아주고 따뜻하게 안아주는 것이 더 낫다. 사람은 타인의 말 자체보다 '그가 나를 존중하고 배려하는가'에 훨씬 더 민감하게 반응한다. 상대가 나를 성장 잠재력을 가진 자율적인 존재로 인정한다고 느껴야만 변한다.

만약 내 진심을 알아주는 누군가를 만났고 그 사람이 내 말을 듣고 변했다면, 그리고 그런 일이 현실에서 일어났다면 신에게 감사드려야 한다. 마음이 다른 사람에게 전달되고, 그 사람이 변하는 일은 현실에서는 잘 일어나지 않는 기적 같은 일이다. '어린 왕자'의 말처럼 "네가 좋아하는 사람이 너를 좋아해 주는 것. 그게 바로 삶의 가장 큰 기적"이니 말이다.

20

오랜만에 본 사람들이
"너 성격 변했네"라고 말했다

공정하게 행동함으로써 공정해지고,
온화하게 행동함으로써 온화해지며,
용감하게 행동함으로써 용감해진다.

타고난 성격을 바꿀 수 있을까

성격을 바꾸려는 노력은 의지력으로 콧대를 높이려고 애쓰는 것만큼이나 부질없는 짓일까? 늘어난 뱃살을 빼는 것처럼 힘들기는 해도 노력하면 충분히 가능한 일일까? 가능하다고 말하는 사람도 있고, 그렇지 않다고 하는 사람도 있다.

성격을 구성하는 기본 단위는 기질Temperament이다. 기질 특성의 40~70퍼센트는 유전자가 결정한다. 시간이 흘러도 잘 변하지 않는다. 기질에 대한 연구 결과들을 보면 세 살 때 관찰된 기질이 성인기까지 그대로 유지되는 것을 알 수 있다.[64] 처음 평가한 후 30년이 지나 다시 평가해도 근본적으로는 변하지 않는다.

기질 평가 도구로 가장 폭넓은 지지를 얻고 있는 것이 네오NEO 검사이다. 성격검사 중에서 과학적 연구 결과가 가장 많다. 다섯 가지 기질 요인을 평가하기 때문에 빅 파이브Big 5라고도 부른다. 신경증적 경향Neuroticism, 외향성Extraversion, 개방성Openness, 친화성Agreeableness, 성실성Conscientiousness 의 기질 특성을 측정한다. 피검자가 쉽게 불안해지는가 정서적으로 안정적인가(신경증적 경향), 외향적인가 내향적인가(외향성), 새로운 경험에 대해 개방적인가(개방성), 타인에 대해서 친절하고 우호적인가(친화성), 자기 절제가 강하고 성실한가(성실성)에 대해 정량적으로 보고해 준다. 이 다섯 가지 기질 특성은 문화, 언어, 인종과 상관없이 공통적으로 관찰된다고 알려져 있다.

인간은 진화의 산물이다. 성격 또한 진화의 산물이다. 성격은 진화적 관점에서 생존에 적합하도록 형성된 것이다. 위험이 도처에 깔린 세계에서 살아남으려면 낯선 이가 자신의 생존에 도움이 되는지 안 되는지를 파악해야 한다.

기질은 낯선 타인을 어떻게 평가할지, 그리고 거기에 맞추어 나라는 사람이 어떻게 반응할지를 결정하는 정신적

메커니즘의 개인 간 차이다. 성격 분석은 타인과의 상호작용을 해석할 때 활용되는 개략적인 지침서라 할 수 있다. 자기 자신뿐 아니라 타인을 빠르고 효율적으로 이해하도록 도와준다.

낯선 사람과 인간관계를 맺는다고 할 때 여러 가지 의문이 들 것이다. 그가 감정적으로 불안정한 사람은 아닐까? 그 사람이 나에게 어떻게 행동할까? (나를 비롯한) 새로운 사람과 환경을 쉽게 받아들일까? 나에게 친절하고 우호적일까? 믿을 수 있고 같이 일할 만한가? 이러한 다섯 가지 기준을 바탕으로 한 물음에 대한 대답이 바로 기질 특성이라고 할 수 있다.

어떻게 해도 타인을 완전히 파악할 수는 없지만 그래도 "너는 무슨 무슨 MBTI 유형의 성격이다"라고 꼬리표를 달면 "상대가 어떤 사람인지 잘 모르겠어"라는 불확실성이 줄어든다. 불확실성이 줄어드니 타인과 세상에 대한 불안도 약해진다.

나이가 들어가면서 기질 특성이 조금 변하기는 하지만 근본적인 방향성이 바뀌지는 않는다(지금까지의 연구를 보면 나이가 들수록 친화성은 증가하고 외향성은 감소하는 것으로 나온다). 외향적이던 사람이 내향적으로 바뀌거나 친화성이 낮았던 사람이 갑자기 우호적으로 변하지는 않는다. 젊을 때 예민하던 사람은 나이가 들어도 여전히 예민하다. 그런 성향 자체가 사라지지 않는다.

내향적인 사람이 외향적인 태도가 필요한 정치를 한다고 해서 그 사람의 기질이 변했기 때문에 그렇게 된 것이 아니다. 어릴 때부터 혼자 있고 말수가 적었던 사람이 성인이 되어 사회에 적응하기 위해 사교적으로 행동할 수는 있지만 혼자 있는 시간을 좋아하는 성향은 변하지 않는다.

백말 말해 봐야 소용 없다,
'행동'을 하는 순간 사람은 바뀐다

그런데 여기서 오해해선 안 되는 것이 있다. 기질이 비슷하다고 해서 같은 행동을 하지는 않는다. 외향성과 개방성이 강한 기질을 타고난 사람이 에베레스트산을 오르고 스턴트맨으로 일할 수 있다. 그런데 비슷한 기질의 사람이라도 등산을 싫어하고 패러글라이딩은 돈을 줘도 안 한다고 손사래를 치기도 한다. 기질은 같아도 어떤 행동을 선택하느냐는 사람마다 다르다. 개인의 사고방식과 가치관이 다르게 선택하도록 만들기 때문이다.

성격은 태어날 때부터 가지는 존재 영역[Having side]과 행동으로 표현되는 행동 영역[Doing side]으로 이뤄져 있다. 기질은 존재 영역에 해당한다. 성격에서 행동 영역은 개인의 동기, 목표, 계획, 성취, 전략, 가치에 따른 행동 패턴[Characteristic behavior patterns]이다. 이것이 바로 성격을 이루는 두 번째 구성요소인 캐릭터[Character]이다.

개인을 둘러싼 환경, 내면의 동기, 각 발달 단계에서 겪은 경험들이 함께 녹아들어 후천적으로 형성되는 것이 캐릭터이다. 그래서 캐릭터는 기질보다 사회적 생태계와 더 밀접하게 얽혀 있고 환경의 영향을 많이 받는다. 세상을 살다 보면 사람은 어쩔 수 없이 변한다. 성격이 달라졌다고 느끼는 건 기질이 아니라 캐릭터가 변형되었기 때문이다. 사회적 요구에 순응했을 때 따라오는 보상이 특정한 행동을 더 자주 발현하게 만들고, 이것이 반복되면서 캐릭터로 굳어진다. 캐릭터는 기질보다 변화의 가능성이 클 뿐 아니라 개인의 의지와 책임에 따라 변화의 정도가 결정된다.

성격을 바꾸고 싶다면 기질이 아니라 캐릭터를 바꿔야 한다. 가치와 목표에 따른 행동을 다르게 선택해서 실천하면 캐릭터가 달라지고 나아가 성격도 변한다. 사람들은 자기 행동을 스스로 관찰해서 "나는 ……한 사람이다"라고 인식하고 규정한다. 다른 사람들이 나를 보지 않더라도 나는 나를 계속 주시하고 있다. 겉으로 드러나는 행동을 변화시키면 자기 자신에 대한 인식도 바뀐다. 행동을 통해 자신에 대한 인식이 구축된다.

"내가 꽤 괜찮은 사람이군"이라는 긍정적 인식이 자아상에 어울리는 행동을 반복하게 만든다. 자신이 원하는 자아상이 세상 밖에 드러나도록 행동하고, 그런 행동이 오랜 시간에 걸쳐 반복되면 새로운 성격이 형성된다. 그렇게 형성된 자아상에 맞춰 행동해 가다 보면 그것이 새로운 성격으로 굳어진다.

아리스토텔레스는 이렇게 말했다. "특정 방식으로 꾸준히 행동함으로써 특정 자질을 얻을 수 있다. 공정하게 행동함으로써 공정해지고, 온화하게 행동함으로써 온화해지며, 용감하게 행동함으로써 용감해진다." 자신감을 가지고 좀 더 긍정적으로 생각하라고 백날 말해 봐야 쉽게 달라지지 않는다. 행동을 해야 한다. 격렬한 신체 운동을 하고 나면 자연스럽게 '나는 활기찬 사람'이라는 인식이 생긴다. 화가 치밀어도 웃는 표정을 하면 우리의 뇌는 자신에 대해 '나는 관대한 사람'이라고 인식한다. 행동이 바뀌면 사람들은 행동과의 일치성을 유지하기 위해 태도와 믿음까지 바꾸려 한다.

성격을 바꾸고 싶다면 행동이 달라져야 한다. 한두 번 다른 행동을 한다고 해서 그렇게 되는 게 아니다. 긴 시간에 걸쳐서 일관된 행동 패턴을 만들어야 캐릭터가 달라지고 성격이 변한다. 자신감을 가지고 행동하면 자신감이 없을 때조차도 가치를 둔 행동을 취할 수 있다. 스스로에게 "내가 더 자신감이 생겼을 때 가치를 둔 행동을 할 거야"라고 한다면 그것은 말속임이다. 자신감이 없을 때조차 자신 있게 행동해야 성격이 바뀐다.

라이프 내러티브
: 행동은 같아도 각자의 이야기는 다르다

성격 통합 이론을 제시했던 댄 맥아담스 교수는 사람의 성격은 기질, 캐릭터, 라이프 내러티브라는 세 가지 성분으로 구성된다고 했다.[65] 기질이 성격의 외형을 대략적으로 스케치하는 것이라면, 캐릭터는 스케치에 색깔을 입히는 것이고, 마지막 구성 요소인 라이프 내러티브는 그 그림에 고유한 독자성과 의미를 부여하는 것이다.

사회학자 앤서니 기든스는 "복잡한 사회와 심리적 조건 아래에서 개인의 정체성은 행동이나 다른 사람에 대한 반응에서 찾을 수 없고, 특정한 내러티브를 계속해서 가져가게 하는 능력에서 찾을 수 있다"라고 했다. 겉으로 드러나는 행동만으로 성격을 전부 파악할 수는 없다. 각자의 이야기를 들어 봐야 그를 이해할 수 있다는 뜻이다.

겉으로 드러나는 행동은 같아도 사람마다 그 행동 속에 품고 있는 이야기는 다르다. 사회적 성취를 이루지 못한 자신의 인생을 실패담으로 풀어낼 수도 있고, 가혹한 경쟁 사회에서 꿋꿋하게 버텨낸 인내로 이야기할 수도 있다. "사회적 약자도 우대받는, 만인이 행복한 세상을 만들겠다"라고 이야기하는 정치인의 이면에는 권위적인 아버지로부터 인정받으려는 이야기가 숨어 있을 수도 있고, 사회로부터 받았던 냉대를 보상받기 위한 스토리가 자리 잡고 있을 수도 있다. 한 사람이 오지를 탐험하는 이유가 모험을 좋아해서일 수도 있고, 정복을 위해서일 수도 있고, 인류의 발자취를 따라가기 위해서일 수도 있으며 어쩌면 아버지의 강인함을 닮고 싶어서일 수도 있다.

사람은 자신에 대한 이야기를 통해 타인과 구별되는 고유한 성격을 갖게 된다. 라이프 내러티브, 즉 인생 서사는 '나라는 사람은 도대체 누구인가?'라는 것을 설명해 주는 이야기를 뜻한다. 기억하는 과거, 상상하는 미래, 현재의 경험을 모두 함입해서 통합적인 이야기가 만들어지고 이것이 다시 개인의 삶을 흘러가게 만드는 동력이 된다.

객관적인 행동 너머에 있는 가치와 의미가 저마다의 인생 서사 속에 담겨 있다. 인생 서사를 완성시켜 가는 동안 한 사람의 인생 철학이 응축된다. 성격으로 녹아든 인생 서사는 개인이 어떤 선택을 하고 어떻게 행동하고 무엇을 추구해 갈지를 결정하게 만든다. 인생 서사와 행동은 서로 영향을 주고받으며 한 사람의 성격을 구축해 간다.

'성격을 고쳐야지'라고 마음먹는다고 해서 그렇게 되지는 않는다. 중요한 사건을 맞닥뜨리면 작게 혹은 극적으로 변할 수 있는 게 성격이다. 트라우마는 강제로라도 나에 대해 다시 생각하게 만든다. 저절로는 절대 깨지지 않았을 자기 개념이 역경을 통해 깨질 때 비로소 성격도 변한다. 당시에는 몰라도 어느 순간 되돌아보면 '아, 그때 그런 일이 있어서 내 성격이 변한 거구나' 하고 깨닫는다.

어떤 이는 자신의 이야기를 너무 사랑한 나머지 그것이 자신을 더 깊은 고통 속으로 밀어 넣는데도 같은 이야기를 반복한다. 자신의 비극적인 이야기를 너무 사랑한 탓에 이야기하면 이야기할수록 더 깊은 불행으로 빠져드는데도 그것을 말하고 또 말한다. 가슴 아픈 이야기를 어떻게 멈춰야 하는지 모르는 것처럼 말이다. 성격이 바뀌려면 마음에 남은 이런 이야기가 죽어야 한다. 익숙한 자기 이야기가 죽어야 새로운 정체성이 자란다.

이미 벌어진 인생 사건을 없던 일로 만들 수는 없다. 시간을 되돌려 자신의 행동을 뒤집어 놓을 수도 없다. 하지만 그 사건과 행동에 대한 이야기는 얼마든지 바꿀 수 있다. 긍정적으로 써 내려갈 수도 있고, 보다 높은 차원에서 다르게 해석할 수도 있다. 단 하나의 이야기에 삶이 무작정 따라가지 않아야 한다. 달라진 해석을 바탕으로 새로운 인생 서사가 형성되면 성격도 그에 맞춰 변해 간다. 이런 이야기에 담긴 핵심은 역경에서 살아남는 일, 세상 속에서 자신의 자리를 찾는 일, 자기 자신이 되는 일이다.

성격은 우리가 경험한 것, 목격한 것을 독창적으로 구성한 이야기다. 체험이 인생 서사를 형성하는 밑바탕이고 체험에 대한 해석이 인생 서사를 완성시킨다. 체험이 달라지면 인생 서사가 변형되고, 변형된 서사가 행동 선택의 방향을 뒤틀어 놓는다. 그 체험 이전과는 다른 행동을 통해 내면에 새로운 이야기가 형성되고 그 안에는 새로운 가치와 목표가 자리 잡는다. 인생 서사는 흐르는 시간 속에서 계속 변형되고 재구성된다. 이런 과정을 거치면서 성격도 변해 간다.

21

정말일까,
상상하는 대로 현실이 된다는 말

미래형이 아니라 현재 진행형으로 상상한다.
"나는 히말라야에 갈 것이다"가 아니라,
"나는 히말라야 칸첸중가 7,100미터 고지를 통과하고 있다"처럼 말이다.

마음속에 공룡 한 마리가 나타났다면
그게 바로 심상이다

어떤 환자에게는 프로이트의 정신분석이 효과적이지만 다른 환자에게는 융의 분석심리학이 더 낫다. 어떤 환자는 무의식이라는 개념을 이해하지 못한다. 무의식이라는 단어 자체를 생소하게 여긴다. 인지치료에 효과적으로 반응하는 환자도 있지만 그렇지 않은 사례도 많다. 자신이 가진 믿음을 다른 누군가가 바꾸려는 시도를 달갑지 않게 여기는 환자라면 인지치료가 별 도움이 되지 않는다.

공감을 주고받는 것으로도 마음의 상처는 낫는다. 치료자가 잘 들어주기만 해도 좋아지는 사례도 많다. 좋은 심리치료법들이 개발되어 있지만, 특정 치료가 다른 무엇보다 월등하게 좋다는 증거는 아직 없다. 다채로운 임상경험을 하다 보니 사람들의 마음을 모두 꿰뚫는 정신건강의 본질적 요소는 무엇일까 하고 스스로에게 묻게 됐다. 그랬더니 '상상력을 키우는 것'이라는 답이 나왔다.

상상력은 이미지를 획득하거나 그것을 창조하는 능력, 또는 그러한 이미지를 고안하는 과정을 주관하는 힘을 말한다.[66] 눈앞에 없는 것을 마음속에 그려 보는 것도 상상력이지만, 현실에는 존재하지 않는 것을 창조하는 능력 또한 상상력이다. 영국의 시인이자 평론가인 사무엘 테일러 콜리지는 "상상력이란 이성을 감각적인 심상心像과 합체시키는 능력으로서 이념화하고 통일화하려는 노력을 뜻한다"라고 했다.[67] 나는 상상력을 "현실과 언어의 한계를 뛰어넘어 심상을 만들어 내는 능력"이라고 정의한다.

심상은 지금 눈앞에 없지만 머릿속에서는 실재인 것처럼 지각되는 이미지를 말한다. 심상은 이미지와 비슷하지만 다르다. 심상에는 시각적인 것뿐만 아니라 듣고, 냄새 맡고, 신체와 피부로 느끼고, 몸을 움직이는 체성 감각Somatic sensation까지 모두 포함한다.

심상이라는 용어가 잘 이해되지 않는다면 다음을 따라 해보자. 천천히 눈을 감고 공룡 한 마리를 마음속에서 떠올린다. 그 공룡은 얼마나 큰가? 어떻게 생겼는가? 공룡 피부의 색깔은 어떤가? 그 공룡의 피부를 만져 본다면 거칠 것 같은가, 부드러울 것 같은가? 상상의 손으로 직접 만져 보자. 어떤 느낌이 드는가? 공룡을 만지러 가기 위해서 한 발 한 발 다가간다. 다리에서 어떤 느낌이 느껴지는가? 이렇게 마음속에 공룡 한 마리가 나타났다면, 그게 바로 심상이다.

뇌는 상상과 현실을 구분하지 못한다

심리치료에는 심상을 도구로 활용하는 것이 많다. 공포증을 치료하기 위한 심상 노출의 일환으로 체계적 탈감작Systematic desensitization과 홍수법Flooding이 있다. 거미 공포증을 가진 환자에게 거미를 떠올려 보라고 하면 처음에는 불안해도 심상에 반복해서 노출하다 보면 공포가 줄어든다. 공포 대상에 반복적으로 노출되면 불안 강도가 줄어든다. 탈감작, 즉 둔감화가 되기 때문이다. 노출의 정도를 한꺼번에 강하게 하면 홍수법이고, 거미라는 글자에서부터 시작해서 심상에서 실제 대상에 이르기까지 점진적으로 진행해 나가면 체계적 탈감작이 된다.

긴장을 풀고 스트레스를 해소할 때에도 심상이 활용된다. 심상 휴가를 떠나는 것만으로도 긴장이 완화된다. 실제로 휴가를 가지 않고 상상의 휴가를 가는 것만으로 비슷한 효과를 누릴 수 있는 것이다. 해가 지는 바닷가를 바라보는 자기 모습을 상상한다. 파도 소리를 듣고 바다 내음을 맡는다. 바닷바람을 느끼고 석양의 풍부한 빛깔을 실제처럼 음미한다. 이미지가 불러일으키는 감각을 현재 진행형으로 느끼면 우리 몸도 거기에 맞춰 반응한다. 플라세보 효과도 따지고 보면 환자의 상상력을 자극해서 얻는 것이다.

심상이 바뀌면 감정도 변한다. 우울증 환자는 미래를 긍정적으로 상상하지 못한다.[68] 미래에 대해 낙관적으로 상상할 수 있게 도와주면 우울증이 호전된다.[69] 심상 때문에 감정이 증폭되기도 한다. "여러 사람들 앞에서 발표해야 하는 상황이 오자 심장이 두근거렸다." 이 문장을 조용히 읽어 보라고 했을 때와 이 장면을 상상하도록 했을 때, 어느 쪽이 심장이 더 빨리 뛸까? 예상하는 것처럼 상상하게 했을 때 심장이 더 빨리 뛴다.[70]

다음을 떠올려 보자. 노란색 레몬 한 개가 있다. 레몬을 잘라 한 조각을 입속에 넣는다. 레몬에서 뿜어져 나오는 시큼한 레몬즙이 입 안에 가득 퍼진다. 어떤가? 지금 당신의 입에도 침이 고이지 않았는가? 상상 속에 그려진 이미지는 우리 몸에 실제적 반응을 불러일으킨다.

정서적 이미지는 실재하는 그것과 등가의 생리적 반응을 유발하는데 이것을 '랭의 정서적 심상의 생물-정보 이론Lang's bio-informational theory of emotional imagery'이라고 한다. 결혼생활 내내 시어머니에게 구박받고 살던 며느리는 시어머니가 돌아가신 후에도 시어머니 얼굴만 떠올리면 가슴이 두근거린다. 우리의 뇌는 상상과 현실을 구분하지 못하기 때문이다.

심상은 실제 지각을 경험하는 것과 동일한 뇌 영역을 활성화시킨다. 피험자를 뇌 영상 측정 장치 안에 눈을 감고 누워 있게 한 뒤에 마음속으로 특정 대상을 떠올리며 그것을 드로잉으로 그려 보라고 지시했다. 상상으로 그림을 그리는 것만으로도 뇌의 17번 영역이 활성화되었다. 17번 영역은 눈을 통해 들어오는 시각 자극을 가장 먼저 받아들이는 곳이다. 상상만 했을 뿐인데도 실제로 보는 것과 똑같은 뇌 영역이 활성화되었다.[71] 사람의 얼굴을 상상하라고 했더니 실제로 얼굴을 볼 때 활성화되는 뇌 영역인 방추형 얼굴 영역이 활성화되었다.[72]

무엇인가를 상상하는 것만으로도 그 대상을 실제 경험하는 것과 동일한 신체 반응이 일어난다. 몸이 움직이는 것을 상상하면 몸을 움직일 때와 동일한 전기 자극이 뇌에서도 일어난다. 더욱이 그 상상이 감각적으로 풍부하면 할수록 뇌 활성도와 뉴런 간의 연결도 강화된다. 운동선수들이 흔히 하는 이미지 트레이닝이라는 것도 엄밀하게 말하면 이미지가 아니라 심상을 활용하는 훈련 방법이다.[73]

삼인칭 시점에서 '나'를 상상한다면

스스로의 감정과 경험을 외부의 시선으로 본다고 생각해 보자. 일인칭이 아닌 삼인칭으로 생각한다는 의미다. 뭉쳐 있던 감정 덩어리들이 세분화되고 인과관계가 생긴다.

무작정 힘들거나 기쁘기만 했던 사건과 경험의 조각들이 '나'를 설명하는 하나의 이야기로 꿰어진다. 이와 관련한 재미있는 실험이 있다.

오하이오 주립대학의 리비 교수는 유권자들에게 투표하는 장면을 상상하게 한 후, 이것이 실제 투표를 할 때 어떤 영향을 미치는지를 알아보는 실험을 진행했다. 여기에는 미국 대통령 선거에서 결정적인 영향력이 있는 선거인단을 보유한 오하이오주의 등록 유권자 146명이 참여했다. 2004년 미국 대통령 선거일 전에 자신이 투표하는 모습을 피험자들에게 상상하도록 했다. 한 그룹에서는 자기가 투표하는 행동을 일인칭 시점으로 상상하게 했고, 다른 그룹의 피험자에게는 삼인칭으로 자기 행동을 상상하도록 지시했다.[74]

삼인칭 시점으로 투표하는 장면을 상상했던 피험자는 투표하겠다는 의지가 일인칭 시점으로 상상한 피험자에 비해 더 강했을 뿐만 아니라 실제 투표율도 높았다. 일인칭 시점으로 투표 행위를 상상한 피험자 그룹의 실제 투표율은 72퍼센트였지만 삼인칭 시점으로 상상한 그룹은 90퍼센트가 투표를 실행했다. 관찰자 시선으로 자신을 바라보면 외부 상황에서 문제를 찾기보다는 자기 내부에서 원인을 찾으려는 경향이 커진다. 삼인칭 시점의 상상은 행동에 대한 내적 귀인Internal attribution과 책임감을 키운다.

삼인칭 시점으로 자기 모습을 포함한 특정 상황을 상상하면 일인칭 시점으로 상황을 관찰하는 방식으로 상상할 때보다 자기 개념에 일치하는 방식으로 행동하려는 경향이 강해진다. 뿐만 아니라 관찰자 시선으로 어떤 상황에 놓인 자신을 바라보면, 외부 상황에서 문제를 찾기보다 자기 내부에서 문제의 원인을 찾으려는 경향도 커진다.

상상이 행동을 변화시킬 수 있음을 증명한 실험이 또 있다. 미국 캘리포니아 주립대학 노스리지 캠퍼스의 아브라함 러치크 교수는 498명의 피험자를 두 그룹으로 나눠 각각 3개월 후, 그리고 20년 후의 자기가 어떤 모습일지, 누가 옆에 있을지, 소중하게 여기는 것은 무엇일지, 인생을 어떻게 바라보고 있을지에 대해 구체적으로 떠올려서 편지를 쓰게 했다.[75] 그런 뒤에 피험자들의 하루 운동 시간을 기록했다. 미래의 나에게 편지를 쓰게 한 후 평소보다 운동량이 유의미하게 늘었다. '내가 나를 어떻게 상상하는지'

가 실제 지금의 모습에도 영향을 준 것이다.

자기실현적 예언^{Self-fulfilling prophecy}이란 심리 용어가 그저 이론에 불과한 것은 아니다. 미래를 상상하면 우리는 그 상상에 맞춰 살아가게 된다. 긍정적인 미래를 생생하게 그리는 동안 그것과 관련한 뇌 중추들이 활성화된다. 상상이 이루어진 것처럼 행동하게 된다. 그러다 보면 결국 예언한 대로 변한 자신을 발견하게 되는 것이다. 연구팀은 운동뿐만 아니라 저축, 공부, 자격증 따기 등의 목표를 이루게 하는 데도 '미래의 나에게 편지 쓰기'가 도움이 될 것이라고 말했다.

마음의 힘으로 숟가락을 휘거나 자동차를 사라지게 할수는 없다. 하지만 자기 자신을 변화시킬 수는 있다. 강렬하게 상상하면 나중에 실제로 그 행동을 하게 될 가능성이 높아진다. 심상은 목표를 구체화하고 목표 지향적인 행동을 하도록 만든다. 동기와 자신감, 목표에 도달하려는 의지를 강화시킨다. 내면에 잠들어 있는 잠재력에 불을 밝히는 심상을 만들어 낼 수 있다면 그것이 현실에서 구현될 가능성이 커진다.

상상의 힘 활용하기

: 현재 진행형으로 세밀하고 생생하게

앞서 말한 심상의 힘으로 변화를 일으키고 싶다면 다음 몇 가지 방법을 따라야 한다. 첫째 '시점과 시제'이다. 영상으로 자신을 찍어서 보는 것처럼 상상해야 한다. 삼인칭 관찰자 시점으로 자기 행동을 마음에서 그릴 수 있어야 한다. 삼인칭 관찰자 시점으로 상상하는 것이 훨씬 강한 힘을 발휘한다. 미래형이 아니라 현재 진행형으로 상상한다. "나는 히말라야에 갈 것이다"가 아니라, "나는 히말라야 칸첸중가 7,100미터 고지를 통과하고 있다"처럼 말이다. "나는 행복해질 것이다"가 아니라 "나는 행복하다"라고 해야 한다.

다양한 감각 기관을 총동원해서 최대한 생생하게 상상해야 한다. 떨리는 것만 느끼지 말고 멋지게 발표하는 모습을 상상하면서 자신감과 자부심이 차오르는 것을 느껴야 한다. 훌륭하게 발표하는 자신을 바라보는 청중의 표정과 '와, 멋지다'라고 생각하는 그들의 마음까지 떠올려 본다.

둘째, 황당한 상상은 효과가 없다. 현실 가능한 상상이어야 한다. 아무리 꿈은 이루어진다고 하더라도 상상으로 우리나라 축구팀을 우승하게 만들 수는 없다. 복권에 당첨되는 상상을 하루 종일 하는 것도 쓸모없는 짓이다.

셋째, 상상력을 동원해서 행위 과정을 통제해야 한다. 멋지게 발표하고 사람들에게 환호받는 모습만 떠올려선 안 된다. 원고를 준비하는 것부터 시작해 단상에 올라 마이크를 점검하고 포즈와 손동작을 취하는 모습, 발표를 마치고 단상을 내려오는 행동 하나하나까지 세밀하게 상상해야 한다. 상상 속에서 자신이 하는 행동을 통제할 수 있어야 한다.

이런 상상을 하다 보면 자신의 의지와 상관없이 실수하는 이미지가 불쑥 떠오를 수도 있고 말이 꼬이는 상황이 연상되기도 한다. 성공하는 모습을 상상하다가도 실패하는 이미지가 침입해 들어온다. 불안하기 때문이다. 자신감이 없기 때문이다. 괜찮다. 이런 경우에는 상상 속 장면을 되돌려서 성공하는 장면으로 심상을 수정한 뒤에 제대로 된 장면을 다시 끼워 넣는다. 비록 상상이라 하더라도 자신의 행동 하나하나를 스스로 통제하고 있다고 느껴야 심상 훈련의 효과를 제대로 얻을 수 있다.

22

삶이 무의미하게 느껴질 때
인간은 가장 고통스럽다

답을 찾을 수 없다는 걸 알지만
그래도 답을 얻기 위해 모험에 나서는 것,
부조리한 삶일지라도 의미 있게 살아가는 태도란
바로 이런 것이다.

행복한 나라 1위,

핀란드에 사는 우울한 사람들

국가 행복도를 조사하면 핀란드가 1등이다. 연속에서 계속 1등이다. 그러면 행복도 1등 국가에서 사는 국민들은 언제나 즐겁게 살고 있을까? 행복한 나라 1등이니까 국민들도 매일 기쁘게 살아야 하는 게 맞지 않을까? 그런데 막상 개개인을 대상으로 긍정적 정서 경험 상태를 조사한 결과, 핀란드는 36위다. 파라과이가 1등이고, 파나마가 2등, 과테말라가 3등이다. 에콰도르, 코스타리카가 그 뒤를 잇고 있다.

행복한 나라에서 사는 사람은 매일이 행복하다고 느껴

야 하는 게 맞을 텐데 실상은 그렇지 않다. 행복한 나라 1등 핀란드는 우울증 유병률 세계 9위다. 행복한 나라인데도 우울증 환자가 적지 않다. 행복한 국가의 국민이 왜 이렇게 우울증에 많이 걸리는 걸까? 좀 이상하지 않은가?

행복이란 단순히 '기분 좋은 느낌'이나 '우울하지 않은 상태'만을 의미하는 것이 아니다. 행복은 주관적인 정서나 느낌에 의존하는 게 아니다. 행복 수준은 개인의 만족도뿐 아니라, 사회 안전망, 국가 소득, 치안, 사회의 부패, 불평등 등을 종합적으로 평가하는 것이다. 개인이 주관적으로 인식하는 행복과는 일치할 수 없다. 행복은 느낌이 아니라 누군가 미리 정의해 놓은 조작적인 관념이나 개념에 불과한 것이다. 그런 점에서 행복 점수 1등은 한 사람이 살면서 추구할 목표가 될 수 없다.

대학생들에게 700문항의 심리검사를 한 뒤 어떤 정신과 진단에도 해당하지 않는 남자 대학생 수십 명을 면담했다.[76] 심각한 정신질환이 없는, 그래서 정신과적으로는 건강한 이 남학생들은 모두 행복하다고 느끼고 있었을까? 그렇지 않았다. 모두들 각자 마음의 상처를 갖고 있었다. 평온하기보다는 혼란스러워했다. 정신적으로 안정되었기보다는 불안했다.

우리는 행복을 최고로 친다. 불행이 일어나지 않기를 바란다. 특별한 존재로 태어난 자신이 원래 살게 될 운명이라는 낙관적인 기대를 품고 산다. "나는 특별한 사람이기 때문에 유명세와 부와 권위를 얻는 게 당연하다"라고 여기는 사람도 분명 있을 거다.

하지만 과거에는 달랐다. 삶은 고통이라고 믿었다. 나쁜 일이 일어나는 건 당연하다고 여겼다. 일어날 일은 일어날 수밖에 없는 거라고 받아들였다. 종교가 개인을 지배하던 시대에는 인간과 세상을 더 암울하게 바라봤다. 죄 많은 인간은 죽은 뒤에야 구원받을 수 있었다. 그것도 살아 있는 동안 원죄를 인식하고 용서를 구하고 신에게 간절히 기도하지 않으면 구원을 기대조차 해서는 안 되었다. 현생은 죗값을 치르기 위해 살아 내야 하는 것이었다.

행복하다고 느껴야 제대로 사는 걸까? 행복하다고 못 느끼면 잘못 살고 있는 걸까? 자기 삶이 어쩔 수 없이 힘들고 고통스러울 수밖에 없는데, 아무리 발버둥 쳐도 불행이 닥쳐오고야 마는 게 인간의 운명인데 그 안에서 행복할 수 있는 걸까? 행복해야 한다는 강박이 오히려 우리를 힘들게 하는 것은 아닐까?

50년간 고해성사를 받아온 신부께 여쭈었다. 고해성사를 받으면서 사람들로부터 무엇을 깨닫게 되셨는가, 하고 말이다. 그는 이렇게 말했다. "우선 사람은 자신이 생각하는 것보다 훨씬 더 불행하다. 더 근본적인 사실은 성숙한 사람은 없다는 것이다."[77]

나의 경험은 이 신부님의 발끝에도 못 미치지만 그래도 20년 넘게 정신과 의사 생활을 했더니 이 말씀에 100퍼센트 공감할 수 있게 되었다. 돈, 성공, 명성을 가졌음에도 우울과 불안에 시달리고 수면제를 매일 먹어야 잠을 자는 사람을 수없이 보았다. 겉으로 보면 화려한데 하루하루 사는 게 고역이라고 호소하는 사람들을 많이 경험했다. 우리 인간은, 그리고 우리의 인생 자체가 원래부터 행복하기보다는 불행에 더 가까운 것일지도 모른다.

인간에게 필요한 건 행복이 아니다

"선생님은 안 우울하세요?" 환자들이 종종 내게 묻는다. 하루에 9시간씩, 10시간씩 진료실 책상에 앉아 있으면서 우울하다, 스트레스 받는다, 화난다, 슬프다는 이야기를 듣는다. 솔직히 힘들다. 충분히 잘 알지 못하는 환자분께는 괜찮다고 두리뭉실하게 넘어가지만 신뢰 관계가 돈독한 환자분께는 힘들 때가 종종 있다고 고백한다. 울상 짓고 짜증 낼 수는 없으니 아닌 척 산다고, 그렇게 말한다. 우울해도 우울하지 않은 척, 슬퍼도 슬프지 않은 척 살아가는 게 이 세상 보통 사람들의 보통 삶일 것이다.

"삶은 부조리하다"라는 한마디 말로 정의될 수 있다. 사는 게 뜻대로 되지 않는 것은 당연한 일이다. 몸이 부서질 듯 노력해도 그에 마땅한 보상을 얻지 못할 때도 있고, 빈둥거리며 살아도 넝쿨째 굴러온 호박처럼 뜻밖의 행운이 찾아오기도 한다. 아무리 바르게 살아도 어느 날 갑자기 죄를 뒤집어쓸 수도 있고, 아무리 추악하게 살아도 칭송의 대상이 되기도 한다. 이것이 부조리한 삶의 모습이다.

예측할 수 없는 사고들은 또 얼마나 많이 일어나는가.

조심하고 또 조심해도 그저 운명이라고 말할 수밖에 없는 불행이 아무 잘못 없는 이를 덮친다. 이게 현실이다. 마음 단단히 부여잡으려고 애를 써도 세상은 그렇게 놔두지 않는다. 거친 세상에서 우울하지 않기란 불가능하다.

현실을 산다는 건 두 손으로 총알 과녁을 들고 서 있는 것과 같다. 총알이 나를 향해 날아오지 않을까 벌벌 떨면서도 과녁을 내팽개치고 도망갈 수도 없다. 월급 받아 빚 갚고 세금 내고 먹고 마시고 살아야 하는데 무섭다고 주어진 책임을 내던질 수는 없다.

코로나 펜데믹으로 세상이 순식간에 변했다. 삶이 삐걱거리며 멈출 때 우리는 비로소 스스로에게 묻게 된다. "무엇을 위해 살아야 하지?", "나는 왜 살아야 하나?", "도대체 삶에는 어떤 의미가 있나?" 이런 질문들이 집요하게 따라붙는 위기 상태를 톨스토이는 삶의 마비$^{Arrest of Life}$라고 했다. "내가 어떻게 살았는지, 내가 무엇을 했는지를 마치 모르는 것처럼 나는 당황하고, 정지된 상태가 되었다. (……) 인생의 이러한 정지 상태는 항상 나에게 같은 질문을 제기했다. (……) '왜?' 그리고 '무엇을 위하여.' 집요하게 더 지속적으로 나에게 답을 요구했다."[78]

의미가 있어야 살 수 있는 인간에게 의미가 사라졌다는 느낌은 공포에 가깝다. 프로이트는 "누군가가 삶의 의미를 묻는 순간, 그는 병든 것이다"라고 말했지만 틀렸다. 오히려 반대다. 삶에서 목적의식이 충만한 이들은 우울증과 불안증에 덜 걸린다. 자살 위험도 낮다. 당연한 이치다. 정신적으로 의미를 강하게 느끼며 사는 사람은 신체적으로도 더 건강하고 더 오래 산다.

자기 삶에서 목적의식이 충만하다고 느끼는 사람은 그렇지 않은 이에 비해 심혈관계질환 발생 위험이 약 20퍼센트 낮다. 목적의식은 사망 위험도 20퍼센트 정도 낮추는 효과를 발휘한다. 하버드 대학 연구팀이 이 주제와 관련한 논문 10편에서 피험자 13만 6,265명을 분석해 얻은 결과이다.

정신건강에 가장 해로운 것은 무의미다. 인간은 의미를 지향한다. 의미를 추구하려는 욕구가 좌절되면 고통에 빠진다. 아우슈비츠 수용소에서 살아남아 《죽음의 수용소에서》를 쓴 정신과 의사 빅터 프랭클은 이런 상태를 두고 '실존적 신경증'이라고 했다. 우리는 어떻게든 인생의 의미를 찾아야 한다.

품위 있게 무의미에 맞서기

인간은 자신의 행위가 어떤 변화를 초래한다는 믿음이 있어야 몸을 움직이는 존재다. 변화의 가능성이 없다고 느끼면 꼼짝하기 싫어진다. 어찌할 수 없는 스트레스가 삶을 덮치면 잠만 자고 싶어진다. 회피는 고난이 닥쳤을 때 나타나는 자연스러운 반응이다.

그런데 문제는 무작정 잠으로 도망치고 방구석에 틀어박혀 있으면 삶 전체가 무너진다는 것이다. 스트레스가 우울증으로 이어지는 것은 '움직여 봐야 달라질 것이 없다'라는 생각에 갇혀 일상적 활동을 중단해 버리기 때문이다. 그렇지 않아도 괴로운 상황에 우울증까지 겹치면 정말 헤어 나올 수 없게 된다.

지난 2004년 군의관이었던 나는 이라크 전쟁터로 파병되어 근무를 했다. 부대에는 천막으로 만들어진 체육관이 있었고, 나무로 만든 수제 받침대 위에 역기를 비롯한 몇 가지 운동 기구들이 있었다. 일과가 끝나면 그곳은 병사들로 가득했다. 운동 열기가 대단했다. 그때 군인들은 왜 그렇게 운동에 매달렸던 것일까? 앞으로 닥칠지 모르는 전

투를 위해 몸을 단련했던 것일까? 대의나 애국심을 고취하기 위해 열심히 운동을 했을까? 그렇지 않을 것이다. 고된 파병지에서 벗어나 안락한 집으로 돌아가고 싶다는 생각을 잊기 위해 몸에 집중했던 것이다. 그래야 현실을 견뎌낼수 있기 때문이다.

"이 모든 상황에서 영웅적 행위는 나올 수 없어요. 이것은 품위의 문제예요. 이 말을 들으면 몇몇은 웃을지 모르겠지만, 페스트와 싸워 이길 유일한 방법은 품위를 잃지 않는 겁니다."[79]

소설 《페스트》에 나오는 문장이다. 스트레스 상황에서 우리가 보여 줄 수 있는 품위는, 파랗게 겁에 질려 우왕좌왕하기보다는 기도하고, 일하고, 가르치고, 책을 읽고, 음악을 듣고, 아이를 목욕시키고, 테니스를 치고, 맥주를 마시고, 게임을 하며 친구와 수다를 떠는 것이다. 인간답고 분별 있게 행동하는 것, 이것이 자기 인생을 더 의미 있게 만들어 준다. 품위가 인생을 의미 있게 만든다.

세상이 아무 의미가 없는 것처럼 느껴지더라도

삶은 변한다. 어떤 역경도 언젠가는 끝난다. 설사 끝나지 않더라도 예측할 수 없는 우연적 사건에 의해 상황은 반드시 바뀐다. 변하지 않는 건 없다. 앞으로 어떻게 변할지, 그리고 그 변화가 어떤 모습일지 미약한 인간의 힘으로는 알 수 없을 뿐이다. 변화에 대한 믿음을 잃지 않고 하루, 아니 지금의 순간을 충실하게 사는 것이 어쩔 수 없는 고난을 견디는 최고의 방법이다.

어쩌면 세상은 선하게 창조되지 않았을지도 모른다. 삶의 본질은 피할 수 없는 고통에 있을지도 모른다. 안타깝게도 악한 세상에서 고통받으며 살아야 하는 이유를 우리는 끝내 알지 못할 것이다. 슬프지만 이것이 삶에서 우리가 얻을 수 있는 유일한 진실일지 모른다.

세상에 의미가 없는 것처럼 느껴지더라도 의미 있게 살아야 한다. 세계는 비록 부조리하지만 불변의 질서가 작동한다고 믿고 행동해야 한다. 목적지에 도달하리라는 확신 없이 길을 떠나는 것, 답을 찾을 수 없다는 걸 알지만 그래도 답을 얻기 위해 모험에 나서는 것, 이해할 수 없는 것을

이해하려고 노력하고 이해할 수 없는 것이 무엇인지 이해
하려고 애쓰는 것. 부조리한 삶일지라도 의미 있게 살아가
는 태도란, 바로 이런 것이다.

23

좌절과 고통을 다루는 법
: 내가 먹이를 준 늑대가 이긴다

마음을 변화시키는 연금술이 있다면
가장 중요한 재료는 감정과 이야기다.

무의미한 세상에서
삶의 의미를 찾아간다는 것

프린스턴 대학 연구팀은 피험자들에게 지금 현재와 지금 공간에서 벗어나 과거와 미래 그리고 다른 장소를 상상하며 글을 쓰게 했다.[80] 그러자 피험자들 뇌의 내측 측두엽이 활성화되는 것을 발견했는데 이 영역은 자아 성찰, 자전적 기억, 사회성, 창의성과 관련한 디폴트 모드 네트워크 Default mode network에 해당한다.

이처럼 어떤 사건에 대해 심리적으로 거리를 두고 그것을 더 높고 더 긴 시각에서 바라보게 되면 '의미 있다'라는 자각이 부상한다. 의미는 상상력을 동원해야 찾을 수 있다. 문제에만 집착해서는 찾을 수 없다. 현재의 고통이 과거와 어떻게 연결되며 미래라는 시간에는 어떻게 전개될지 다채롭게 상상해야 '그래, 지금 이 순간의 고통에도 의미가 숨어 있었어'라고 깨달을 수 있다.

우리는 삶에서 뜻하지 않은 좌절과 사건 사고를 맞닥뜨린다. 당장은 모른다. 하지만 시간이 흘러 자아와 심리적으로 거리를 둘 수 있게 되었을 때, 그 사건이 삶에 어떤 의미가 있었는지 스스로 해석할 수 있게 된다.

어르신들이 지난 시절을 돌아보며 "그래, 지금은 나이 들었지만 그래도 내 삶이 그리 부질없는 건 아니었어. 나름대로 잘 살아왔지"라고 말하는 것을 두고 노스탤직 리플렉션Nostalgic reflection이라고 부른다. 실제로 사람들에게 과거를 돌아보며 향수에 젖게 했을 때 자기 삶을 보다 의미 있게 느낀다.[81]

이러한 과정은 이해, 논리가 아니라 상상력에 기반한다. 상상력이 심리적 치유의 근간을 이루기 때문에 거리를 두고 사건의 의미를 찾아가는 사고 과정을 일컬어 '치유적 상상력'이라고 부른다.

여기에서 트라우마에 대한 부분을 빼놓을 수가 없다. 심리적 경험 보고[Psychological debriefing]는 트라우마의 충격을 완화하기 위한 치료 방법이다. 생환 보고라고도 한다. 생존자의 가슴에 남은 고통의 기억을 제거한다고 알려져 있다. 긴급 구호 전문가들도 고통스러운 기억을 해소하기 위해 이 치료를 받는다.

9·11 테러 이후에 수천 명에 이르는 희생자, 목격자, 구조 인력을 상대로 치명적 사건 스트레스 경험 보고[Critical incident stress debriefing, CISD]가 시행되었다. 그런데 이 치료를 받은 이들을 장기적으로 추적했더니 외상후스트레스장애를 예방하는 데 도움이 된다는 증거를 발견할 수 없었다.[82] 오히려 충격 경험이 더 깊이 각인된 것으로 나타났다. 미국 심리학회의 주요 인사들은 트라우마 직후에 생각과 감정을 이야기하게 하는 것이 실효적이지 않다고도 언급했다.[83] 왜 이런 결과가 나왔을까? 단순히 힘든 감정을 표출하는 것으로는 치유가 일어나지 않기 때문이다.

춤을 추고 노래를 부르며 감정을 표현하는 것 역시 무조건 심리적 이득을 가져오지는 않는다. 순간적으로 해소는 되겠지만 곧바로 '내가 이런 상황에서 기뻐해도 되나? 이렇게 춤추고 노래해도 되나?' 하는 자책감만 깊어진다. 서둘러 감정을 내뱉는 것은 득보다 실이 크다. 그저 울분을 토해 내는 것으로는 치유가 일어나지 않는다.

예상보다 빨리 뭔가를 깨달은 듯 "인생은 다 그런 거지요. 어쩔 수 없지요. 받아들여야지요"라며 전형적인 이야기를 하는 것도 진정한 치유가 아니다. 다 이해했다고 여기고 더 이상 의미를 찾기 위해 노력하지 않겠다는 뜻이기 때문이다. 더는 그 일을 되돌아보고 싶지 않다는 심리적 저항일 수도 있다. 시간이 충분히 흐른 후에 자기만의 깨달음이 이야기에 담겨야 한다.

마음을 변화시키는 연금술이 있다면

이처럼 마음과 마찰을 일으키는 감정은 그냥 수용되지 않는다. 이것을 이야기에 녹이면 받아들일 수 있게 된다. 이렇게 수용된 감정은 이미 자기 안에 존재하던 이야기와 화학작용을 일으켜 새로운 서사를 만들고 새로운 정서가 일어난다. 닫힌 결말처럼 끝맺는 것이 아니라 깨달음 이후에도 또 다른 서사로 이어져야 한다. 감정과 이야기는 서로가 서로를 촉매한다. 분노를 붉은 튤립으로 변형시키고, 슬픔을 회색 낙엽이 가득한 오래된 골목에 남겨 두게 만든다. 마음을 변화시키는 연금술이 있다면 가장 중요한 재료는 감정과 이야기다.

인간은 이야기꾼이다. 자신을 포함해 세상 만물에 대해 끊임없이 말한다. 경험을 잇고 묶어 이야기를 만든다. 살면서 겪은 사건들을 배열하고, 플롯을 구성하고, 결말을 짓는다. 선택하지 않았던, 혹은 그렇게 할 수 없거나 하지 못했던 일도 함께 묶어야 인생 서사가 만들어진다. 무작위적인 삶의 조각들을 이야기로 엮어 나간다.

이야기는 삶의 일관성을 회복하려는 논리적 틀이다. 삶이 이해되지 않으면 우리는 견뎌 내기가 어렵다. 그것이 진실이든 아니든 삶을 설명해 주는 이야기가 필요하다. 그것도 아주 그럴듯한 이야기여야 한다. 그래야 비로소 안도할 수 있다. 인생에 대해 풀어 놓을 수 있는 가장 훌륭한 이야기가 만들어지면 의미는 그 안에 저절로 담긴다.

자기 경험이 이야기로 상징화될 때, 그리고 그것이 누군가에 의해 받아들여지고 이해될 때 비로소 자기 삶에 대한 통제력을 되찾는다. 치유는 이야기를 만들어 가는 과정이다. 치유를 돕는 것은 마음이 서사가 되게 하는 일이다. 새롭게 창조된 인생 서사가 성장, 강인함, 지혜가 커지도록 자신을 밀고 나가게 했음을 자신도 느끼고 다른 사람도 느낄 수 있어야 비로소 치유를 향해 한 발 내딛었다고 할 수 있다. 우리의 이야기는 미래로 뻗어 간다. 단단하게 뭉쳐진 이야기는 세상 풍파로부터 우리를 지켜 준다.

한 랍비가 자신의 할아버지에 대한 이야기를 부탁받았다. "나의 할아버지는 절름발이였어. 어느 날 할아버지는 그의 스승에 대한 이야기를 시작했지. 거룩한 스승이 기도하는 도중에 어떻게 뛰며 춤을 추었는지 이야기했어. 나의 할아버지는 벌떡 일어났어. 자기 이야기에 푹 빠져서 스승이 어떻게 했는지 보여 주려고 춤을 추기 시작했어. 다리가 불편했던 나의 할아버지는 그 순간 치유되었던 거야."

이것이 이야기의 힘이다.

손자와 함께 있던 체로키 노인이 말했다. "할아버지의 마음에서 싸움이 벌어지고 있구나. 늑대 두 마리가 맹렬히 싸우고 있어. 한 마리는 악이라는 놈이야. 증오, 화, 탐욕,

시기, 오만, 분노, 인색, 비겁함이지. 다른 한 마리는 선이란다. 행복, 기쁨, 사랑, 평온, 친절, 희망, 겸손, 관대함, 신뢰이지. 두 마리 늑대가 할아버지의 마음에서 싸우고 있구나."

손자가 할아버지께 여쭈었다. "어느 늑대가 이겼어요?"

할아버지는 담담하게 대답했다. "우리가 먹이를 준 늑대가 이기지."

우리가 수많은 이야기들을 찾아 헤매는 이유는 나 자신을 이해하고 싶어서일 것이다. 다른 사람을 이해한다는 것은 결국 자신을 이해하는 셈이기 때문이다. 반대로 나를 이해해야 남도 이해할 수 있다. 사람들은 모두 다 서로의 거울인 셈이다.

사람들의 마음속에는 저마다의 이야기가 있다. 자기 자신에 대한 이야기 말이다. 그 이야기에 따라 우리는 행동하고 성장해 나간다. "용감한 사람이 되겠다"라거나 "성공하고 싶다"라거나 "친절한 사람이 되겠다"라는 이야기는 그 사람의 정체성이기도 하다. 마음속에 그리고 있는 이런 이야기에 따라 앞으로 어떻게 살아갈지 알 수 있다. 이야기에 따라 삶이 결정된다.

"나는 정신과 의사다", "나는 어느 회사에 다니는 직장인이다", "나는 야채를 판다"처럼 일에 대한 이야기도 있다. 성격도 이야기다. "나는 마음이 약하다"라거나 "나는 내향적이다"라고 한다. 이런 이야기들은 고정적이지 않다. 긴 파동으로 변하기도 하고, 짧은 주파수로 변하기도 한다. 꾸준히 쌓아 가며 서서히 변하는 이야기도 있고, 감정에 따라 수시로 변하는 이야기도 있다. 어느 순간 "나는 행복하다"라고 이야기하지만 또 어느 순간 "불안하다"라고 이야기가 바뀐다.

당신 삶의 이야기가
어떻게 끝나기를 바라는가

여기에서 한 가지 권하고 싶은 것이 있다. 누구에게도 보여 주지 말고 자신에 대한 이야기를 써 보자. 마음이 흐르는 대로 쓰면 된다. '어떤 일이 일어났는지, 나의 심정이 어떠했는지, 왜 그렇게 느꼈는지'를 적어 본다. 가능하면 매일 거르지 말고 일정한 기간 동안 써보면 좋겠다. 5분도 좋고 15분도 좋다. 가능한 만큼 쓰면 된다. 이때 주의할 것이 써

놓은 글을 바로 다시 보거나 금방 다듬으면 안 된다. 검열하면 안 된다. 문법이나 문장 구조를 신경 쓸 필요 없다. 계속 써 내려가는 자체가 중요하다.

삶에 결정적인 영향을 미친 사건은 무엇인지, 그때 자신은 어디에 있었으며, 누구와 함께했는지, 무엇을 하고 있었으며, 어떤 생각을 품고 있었고, 어떤 감정을 느꼈는지를 적는다. 그 일이 있기 전과 후에 자신이 어떻게 달라졌는지도 쓴다. 이런 방식으로 과거의 사건과 경험, 중대한 변화가 일어났던 순간과 그 기억을 기록해 본다. 좋았던 과거 경험도 기록의 주제다.

기억과 감정, 생각과 느낌을 밖으로 꺼내되 처음부터 거기에 어떤 질서를 부여하려 들거나 의미를 찾으려 해서는 안 된다. 처음에는 그냥 써야 한다. 억지로 하지 않아도 시간이 지나면 삶의 서사가 저절로 질서 있게 제 모습을 드러낼 것이다. 그때 스스로에게 묻자. "왜 이런 일이 일어났는가? 이 일에서 내가 끌어낼 이점이 있다면 그것이 무엇이었을까?"

시간의 축을 옮겨 미래에 대한 이야기도 적어 보자. 다음과 같은 질문으로 이야기가 시작될 수 있다. "내 삶의 이야기가 어떻게 끝나기를 바라는가?", "타인에게 나는 어떻게 기억되기를 바라는가?", "사랑하는 사람들, 가족과 친구들이 한 방에 모여 있다고 상상해 보자. 내 삶을 영화로 만들기로 했는데 그 영화를 다 같이 본 뒤에 제목을 붙이기로 했다. 가족이 뭐라고 말하겠는가?", "미래에서 나를 본다면 나라는 사람을 어떻게 묘사할까?"

삶이 한 단어, 한 글자, 한 문장, 마치 한 권의 책이라고 상상해 보는 것도 좋겠다. "자신의 인생 이야기가 담긴 책에 어떤 제목을 붙이고 싶은가?" 이 책의 첫 장부터 시작된 나의 길고 긴 독백은 어쩌면 이 질문 하나를 위한 여정이었을지도 모른다. 삶은 온통 통제할 수 없는 스트레스투성이고, 정상과 비정상이라는 개념 사이에서 헤매고 있으며, 사회에서 주어진 복잡한 정체성을 떠안은 채 오늘도 사는 게 무슨 의미가 있나, 한숨 짓고 있을 우리 모두에게 나는 결국 이 질문이 필요하다고 생각한다.

그러니 이 책을 덮기 전에 꼭 한 번, 스스로에게 묻기를 바란다. 나는 나의 인생 이야기가 담긴 책에 어떤 제목을 붙이고 싶은가, 하고 말이다.

1) 오쿠다 히데오. (2005). 공중그네. (이영미 옮김). 은행나무.

2) Alan A. Stone, (1997). Where will psychoanalysis survive? Havard Magazine 99(3), 35-39.

3) Del Palacio-Gonzez, A., Clark, D. A. & (2013, October). (Pensamiento adaptativo y maladaptativo despu de unrompimiento de noviazgo. [Adaptive and maladaptive thinking after a relationship breakup]. Paper presented at the 8th CEIMEXCAN Congress, Ottawa, Canada.

4) Ekman, P., Davidson., R. J. (1994). The nature of emotion: fundamental questions. Oxford university press. 15-19.

5) Mor, N. & Winquist, J. (2002). Self-focused attention and negative affect: A meta-analysis. Psychological bulletin 128, 638-662.

6) Ingram, Rick E. (1990). Self-Focused Attention in Clinical Disorders: Review and a Conceptual Model. Psychological bulletin 107, 156-176.

7) Green, Jeffrey D. et al. (2003). Happy mood decreases self-focused attemtion. British journal of social pychology 42, 147-157.

8) Gibbons, F. X., & Wicklund, R. A. (1982). Self-focused attention and helping behavior. Journal of personality and social psychology 43(3), 462-474.

9) Mak, A. D. P. et al. (2021). ADHD comorbidity structure and impairment: Results of the WHO world mental health surveys international college student project(WMH-ICS). Journal of attention disorders.

10) Kennedy, B. (2015, Apr. 20). MLB's exemption rate for ADHD drugs 'highly suspicious'. Toronto star. https://www.thestar.com/sports/baseball/2015/04/20/mlbs-exemption-rate-for-adhd-drugs-highly-suspicious.html

11) 김병수, 김정현. (2013). 스트레스 척도 핸드북. 학지사.

12) Bollini, A., E. Walker, E., Hamann, S., & Kestler, L. (2004). The influence

of perceived control and locus of control on the cortisol and subjective responses to stress. Biological psychology 67(3), 245-260.

13) Demorest, A. (2004). Psychology's grand theorists: How personal experiences shaped professional ideas. Psychology Press.

14) Mischel, W. (1996). Personality and assessment. Lawrence Erlbaum Associates.

15) Zelenski, J. M., Whelan, D. C., Nealis, L. J., Besner, C. M., Santoro, M. S., & Wynn, J. E. (2013). Personality and affective forecasting: Trait introverts underpredict the hedonic benefits of acting extraverted. Journal of Personality and Social Psychology 104(6), 1092-1108.

16) 빅터 프랭클. (2008). 빅터 프랭클의 심리의 발견. (강윤영 옮김). 청아출판사.

17) 안나 카타리나 샤프너. (2022). 자기계발 수업. (윤희기 옮김). 디플롯. p.99.

18) Hewitt, P. L., Flett, G. L. (1991). Perfectionism in the self and social contexts: conceptualization, assessment, and association with psychopathology. Jouranl of Personality and Social Psychology 60, 456-470.

19) Teicher, M. H. et al. (2010). Hurtful words: Exposure to peer verbal aggression is associated with elevated psychiatric symptom scores and corpus callosum abnormalities. American Journal of Psychiatry 167, 1464-1471.

20) 폴 바비악. 로버트 D. 헤어. (2007). 직장으로 간 사이코패스. (이정식 옮김). 랜덤하우스.

21) Cash, T. F., Deagle, E. A. (1997). The nature and extent of body-Image disturbances in anorexia nervosa and bulimia nervosa: a meta-analsysis. International Jouranl of Eating Disorders 22, 107-125.

22) Epley, N., Whitchurch, E. (2008). Mirror, mirror on the wall: Enhancement in self-recognition. Personality and Social Psychology Bulletin. 34, 1159-1170.

23) Loughnan, S. et al. (2011). Economic Inequality Is Linked to Biased Self-Perception. Psychological Science 22(10), 1254-1258.

24) Takata, T. (2003). Self-enhancement and self-cirticism in Japanase culture: An experimental analysis. Journal of Cross-Cultural Psychology 34(5), 542-551.

25) Hard times and hurtful partners: How financial strain affects depression and relationship satisfaction of unemployed persons and their spouses. Vinokur, A. D., Price, R. H., & Caplan, R. D. (1996). Hard times and

hurtful partners: How financial strain affects depression and relationship satisfaction of unemployed persons and their spouses. Journal of Personality and Social Psychology, 71(1), 166−179.

26) Catalano, R., Novaco, R., & McConnell, W. (1997). A model of the net effect of job loss on violence. Journal of Personality and Social Psychology, 72(6), 1440−1447.

27) Modelling suicide and unemployment: a longitudinal analysis covering 63 countries, 2000~11. Carlos Nordt et al. Lancet. 2015;2:239~245.

28) Gani, Aisha. (2016, Mar. 13). Tuition fees have led to surge in students seeking counselling. The guardian. https://www.theguardian.com/education/2016/mar/13/tuition-fees-have-led-to-surge-in-students-seeking-counselling

29) Young Women's Trust Annual Survey 2016.

30) DiGrande L, Neria Y, Brackbill RM, Pulliam P, Galea S. Long~term Posttraumatic Stress Symptoms Among 3,271 Civilian Survivors of the September 11, 2001, Terrorist Attacks on the World Trade Center. American Journal of Epidemiology. 2011. 173(3):271~281.

31) Neira Y, Digrande L, Adams BS. Posttraumatic stress disorder following the September 11, 2001, terrorist attacks: a reivew of the literature among hightly exposed popluations. American Psychologist. 2011. 66(6):429~446.

32) https://www.longdom.org/proceedings/vicarious~trauma~ptsd~and~social~media~does~watching~graphic~videos~cause~trauma~37421.html

33) Zimering R, Gulliver SB, Knight J, Munroe J, Keane TM. Journal of Trauma and Stress. 2006. 19(4):553~557.

34) https://greatergood.berkeley.edu/article/item/do_mirror_neurons_give_empathy

35) https://www.bbc.com/news/blogs~trending~32852043

36) https://onlinelibrary.wiley.com/doi/epdf/10.1111/j.1741~3737.2005.00214.x

37) Jacobson, N. S., Dobson, K. S., Trusax, P. A., Addis, M. E., Koerner, K., Gollan, J. K. et al. (1996). A component analysis of cognitive-behavioral therapy for depression. Journal of consulting and clinical psychology 64, 295−304.

38) Gollwitzer, P. M. et al. (2000). Deliberative versus implemental mindsets in the control of action. Journal of Personality and Social Psychology 59, 1119−1127.

39) 김병수. (2013). 사모님 우울증: 나는 이런 결혼을 꿈꾸지 않았다. 문학동네.

40) Falk, H. et al. (2010). Evolutionary influence on human landscape preference. Environment and Behavior 42, 479‑493.

41) Parsons, R., & Hartig, T. (2000). Environmental psychophysiology. In Cacioppo, J. T. & Tassinary L. G. (Eds.), Handbook of psychophysiology(pp. 815‑846). Cambridge University Press.

42) Ficino, Marsilio. (1989). Three Books on Life. MRTS.

43) Ulrich, R. (1984). View through a window may influence recovery from surgery. Science 224, 420‑422.

44) Ulrich, R. et al. (2004). The role of the physical environment in the hospital of the 21st century: A once‑in‑a‑lifetime opportunity. The Center for Health Design, 1‑69.

45) Schooler, J. W. (2004). Zoning out while reading. In Levin, Daniel T. (Eds.), Thinking and seeing: Visual metacognition in adults and children. MIT Press.

46) Radomsky, A. S., Alcolado, G. M., Abramowitz, J. S., Alonson, P., Belloch, A., Bouvard, M., et al. (2014). Part 1. You can run but you can't hide: Intrusive thoughts on six continents. Journal of Obsessive‑Compulsive and Related Disorders 3(3), 269‑267.

47) Klinger, E. (1978). Modes of normal conscious flow. In Pope, K. S. & Singer, J. L. (Eds.), The stream of consciousness. Plenum Press.

48) Wegner, D. M. & Schneider D. J. (1987). Paradoxical effects of thought suppression. Journal of Personaliy and Social Psychology 65, 1093‑1104.

49) Trinder, H. & Salkovskis, P. M. (1994). Personally relevant intrusions outside the laboratory: long‑term suppression increases intrusion. Behaviour Research and Therapy 32, 833‑842.

50) 김연수. (2022). 이토록 평범한 미래. 문학동네.

51) 필립 짐바르도, 존 보이드. (2016). 나는 왜 시간에 쫓기는가. (오정아 옮김). 프런티어.

52) 장석주. (2015). 누구나 가슴에 벼랑 하나쯤 품고 산다. 21세기 북스.

53) Distortions in Time Perception During Collective Trauma: Insights From a National Longitudinal Study During the COVID‑19 Pandemic E. Alison Holman, Nickolas M. Jones, Dana Rose Garfin, Roxane Cohen Silver, Holman, E. A., Jones, N. M., Garfin, D. R., & Silver, R. C. (2023). Distortions in time perception during collective trauma: Insights from a

national longitudinal study during the COVID-19 pandemic.Psychological Trauma: Theory, Research, Practice, and Policy, 15(5), 800-807. https//doi. org/10.1037/tra0001326

54) Mangan, P.A., Bolinskey, P.K., Rutherford, A, Wolfe, C. (1996). Why time flies in old age. The New Scientist, November 23, 1996.

55) Shu, S. B., & Gneezy, A. (2010). Procrastination of enjoyable experiences. Journal of Marketing Research 47(5), 933-944.

56) 리처드 탈러, 캐스 선스타인. (2009). 넛지. (안진환 옮김). 리더스북, 2009.

57) Iyengar, S. S., & Lepper, M. R. (2000). When choice is demotivating: Can one desire too much of a good thing? Journal of Personality and Social Psychology, 79(6), 995-1006. https//doi.org/10.1037/0022-3514.79.6.995

58) Linville, P. W. (1985). Self-complexity and affective extremity: Don't put all of your eggs in one cognitive basket. Social Cognition, 3(1), 94-120.; Linville, P. W. (1987). Self-complexity as a cognitive buffer against stress-related illness and depression. Journal of Personality and Social Psychology 52, 663-676.

59) Linville, P. W. (1985). Self-complexity and affective extremity: Don't put all of your eggs in one cognitive basket. Social Cognition, 3(1), 94-120.

60) 이병덕. (1999). 슈메이커, 이차믿음 그리고 자기 기만. 철학연구 47, 341-355.

61) 조나선 하이트. (2014). 바른 마음. 웅진지식하우스. 재인용.

62) Bartels, Andreas & Zeki, Semir. (2004). The neural correlates of maternal and romantic love. Nuroimage 21, 1155-1166.

63) Small, D. A., Loewenstein, G., & Slovic, P. (2007). Sympathy and callousness: The impact of deliberative thought on donations to identifiable and statistical victims. Organizational Behavior and Human Decision Processes 102(2), 143-153.

64) Caspi, A. & Silva, P. A. (1995). Temperamental qualities at age three predict personality traits in young adulthood. Child development 66, 486-498.

65) McAdams, D. P. & Pals, J. L. (2006). A new big five: Fundamental principles for an integrative science of personality. American Psychologist 61, 204-217.

66) 한용환. (2016). 소설학 사전. 푸른사상. 재출간.

67) 권영민. (2004). 한국현대문학대사전. 서울대학교출판부. 네이버 지식백과 재인용.

68) Holmes, E. A., Lang, T. J., Moulds, M. L., Steele, A. M. (2008). Prospective and positive mental imagery deficits in dysphoria. Behaviour Research and Therapy 46, 976–981.

69) Holmes, E. A., Lang, T. J., Deeprose, C. (2009). Mental imagery and emotion in treatment across disorders: Using the example of depression. Cognitive Behaviour Therapy 38, 21–28.

70) Vrana, S. R., Cuthbert, B. N. Lang, P. J. (1986). Fear imagery and text processing. Psychophysiology 23, 247–253.

71) Kosslyn, S. M., Thompson, W. L., Kim, I. J., Alpert, N. M. (1995). Topographical representations of mental images in primary visual-cortex. Nature 378, 496–498.

72) O'Craven, K. M., Kanwisher, N. (2000). Mental imagery of faces and places activates corresponding stimulus-specific brain regions. Journal of Cognitive Neuroscience 12, 1013–1023.

73) Horn, Thelma S. (2002). Advances in sport psychology(2nd ed). Human Kinetics. 405–439.

74) Libby, L. K., Shaeffer, E. M., Eibach, R. P., Slemmer, J. A. (2007). Picture yourself at the polls-visual perspective in mental imagery affects self-perception and behavior. Psychological Science 18, 199–203.

75) Rutchick, A. M., Slepian, M. L., Reyes, M. O., Pleskus, L. N., & Hershfield, H. E. (2018). Future self-continuity is associated with improved health and increases exercise behavior. Journal of Experimental Psychology: Applied, 24(1), 72–80. https://doi.org/10.1037/xap0000153

76) Grinker, R. R., Sr., & Grinker, R. R., Jr., and Timberlake, I. (1962). "Mentally healthy" young males (homoclites). Arch Gen Psychiatry 6, 405.

77) 어빈 D. 얄롬. (2007). 실존주의 심리치료. (임경수 옮김). 학지사. p.25.

78) 레프 톨스토이. (2018). 톨스토이 고백록. (박문재 옮김). 현대지성.

79) 알베르 까뮈. (2011). 페스트. (김화영 옮김). 민음사.

80) Waytz, A., Hershfield, H. E., & Tamir, D. I. (2015). Mental simulation and meaning in life. Journal of Personality and Social Psychology, 108(2), 336–355. https//doi.org/10.1037/a0038322

81) Routledge, C., Wildschut, T., Sedikides, C., Juhl, J., & Arndt, J. (2012). The power of the past: Nostalgia as a meaning-making resource. Memory 20(5), 452–460.

82) McNally R. J. (2004, Apr. 1). Psychological Debriefing does not

prevent posttraumatic stress disorder. Psychiatric Times. https://www.psychiatrictimes.com/view/psychological-debriefing-does-not-prevent-posttraumatic-stress-disorder

83) Begley, S. (2003, Sep. 12). Is trauma debriefing worse than letting victims heal naturally? The Wall Street Journal. https://www.wsj.com/articles/SB10633129057000400

내 마음의 거짓말

초판 1쇄 발행   2024년 9월 2일

지은이 김병수

책임편집 이정아
마케팅 이주형
경영지원 홍성택, 강신우, 이윤재
제작 357 제작소

펴낸이 이정아
펴낸곳 (주)서삼독
출판신고 2023년 10월 25일 제 2023-000261호
이메일 info@seosamdok.kr

서삼독은 작가분들의 소중한 원고를 기다립니다. 주제, 분야에 제한 없이 문을 두드려주세요.
info@seosamdok.kr로 보내주시면 성실히 검토한 후 연락드리겠습니다.